勝山実

自立からの卒業

現代書館

自立からの卒業＊もくじ

第四章　御用当事者

序　章　空想から蜂起へ

Think Big!

空想無限大！

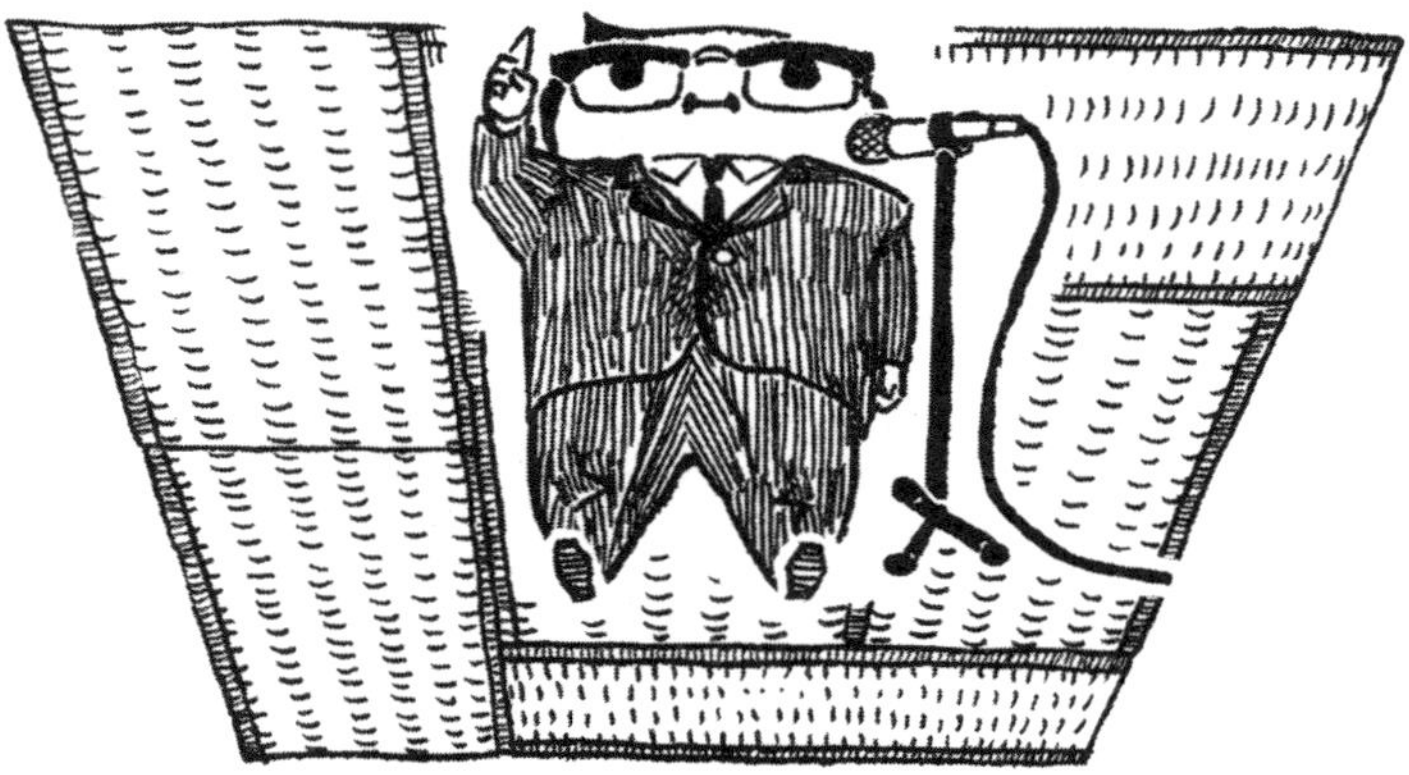

シン・ひきこもり宣言

寄生のすすめ

お盆と正月だけ実家に帰省するのではなく、一年三六五日ありとあらゆるものに寄生することを真剣に考える。これすなわち、どうやって生きていくかについて考えることです。

自立なんて甘ったれたことばかり考えていると、結局は弱肉強食の世界で、競争に負けて挫折し、誰からも必要とされず、病人か障害者にされ、あげくは自由に生きているように見える他人を「アイツは俺よりめぐまれている」と恨み、憎しみを抱えて一生を終えることになります。

自分がめぐまれていないと思うのならば、真剣に寄生について考える必要があります。裕福な人間は寄生について考える必要なんてなく、即自立します。家業を継ぐか、コネ入社、なんなら「店の一軒くらいもたせてもらう」ことだって可能なのです。自立は基本金持ちのものだと思ってもらいたい。

貧乏人が金持ちに寄生することはできません。パトロンなんてものはこの星には存在しないのです。奪ったものを誰にも分け与えず、独り占めにする者がお金持ちなのです。彼らは投資して回収することしかしません。つまり私やあなたには投資しない、回収できないからさ。

貧乏人はヒモニートを他人事と考えてはいけません。むしろそこから学ぶことが大事です。寄生を完成させたその先に桃源郷《とうげんきょう》はあります。

誰にも頼らずに生きるよりも、誰かに頼って生きるほうが困難であります。だからこそ目をそむけてはいけない。職業欄に「カンパ募集中」と書ける勇気を持て。

寄生を見下し、差別しているから、それが自分に返ってくるのです。生きづらいなんて言っているのは、寄生を差別して見下しているせいです。寄生しようとしない自分は偉いと思い込んでいるだけで、ちっとも偉くなんてない。自力で食っていけるという妄想にとらわれ、弱肉強食社会を最低賃金で支えてしまっているのです。

貧しい者からもらったもので生きていく。申し訳ない、でもそれが人生。朝ご飯を食べた貧しい人が、二日間なにも食べてない貧しい人に与える。「貧 to 貧」の片道扶助がこの星を救うのです。帰省先だから実家だけなのであって、寄生先ならムゲンにあります。人に食わせてもらうが天下の通義。自立を捨てよ、あらゆるものへ寄生しよう。

自立からの卒業

この先どうやって生きていけばいいかわからず、途方に暮れ、涙目で黙りこくり震えている人がいるのならば、その耳元でそっとささやきたい、「寄生でごわす」と。

その途端、涙も震えもぴたりと止まり、「へい」と答え、あとは一人前のキノコ目指してわき目もふらず一直線。すべてが輝いて見えるはずです。

自立バブルはすでに弾けている。自立バブルは大暴落寸前なのです。その後に訪れるポスト自立の世界がどんなものかと言えば、それは自立への擬態から、寄生への正直な歩みとなるでしょう。完璧な擬態は、自分自身すら騙すもの。自立への道を歩んでいる準備期間のように見せかけるため、それゆえに自立が免除されていると見せかけるために、お金と時間をあまりに多く注ぎ込んでしまいました。大学、大学院、通信教育、資格、訓練、障害者枠、居場所、作業所。そこを改めないといけませんな。

寄生と書かれたプラカードを高々と掲げよう。無職として部屋で本を読んでいれば、お金と時間と自由を失わずにすむのです。寄生を規制してはいかん、寄生を解き放ち、キビシイ他者の視線を内面から追い出してしまえ。

寄生するぞ。寄生しておりますぞ。そういう自覚が大切だと思うのです。「共に生きる」とは寄生する者のスローガンです、我々から社会へのラブレターです。愛は与えるもの、そしてなかなか受け取ってもらえぬもの。寄生される側に立てば、共に生きなくてもなあと、なかなか乗ってきてくれません。しかし寄生という存在を否定し、寄生を排除、ないものとして自立だけを追い求める、それがキビシイ社会をつくり出しているのです。

カタコトでもいい、「アイ・アム・キセイ」と口に出して言うことからはじめようじゃありませんか。そして最後にはみんなで（ライオネル・リッチーやスティーヴィー・ワンダーといっしょに）「ウィー・アー・ザ・キセイ」と歌おうじゃありませんか。

寄生するのであれば、自分のことだけ考えていてはいけません。持続可能な社会、持続可能な星が必要です。寄生が「貧 to 貧」で成り立つ以上、富の再分配、社会全体の底上げが必要です。格差があって、貧で食えないのでは、キノコ一族も全滅、やがてはこの星から生きとし生けるものすべてが消滅してしまうでしょう。

あなたはあなた、わたしはわたし、そんな自立個人主義から、俺がお前でお前が俺でという、もれなく俺とお前が付いてくる寄生社会主義へ。誰も取りこぼさないと、心の底から言えるのは寄生している者だけ、魂の叫び、イノチの叫びなのです。

寄生、パラサイトという言葉を悪口として存在させていてはいけない。寄生とは、公共とか社会とほぼ同じ意味だと思ってもらいたい。この星の寄生するものを含めた、生きとし生けるものすべてが幸せになりますように。

ご主人様研究――ひきこもり支援は誰のものか

ひきこもり支援なんてない

ひきこもり支援はずっと就労支援ばかりをやっていますが、なんの成果もありません。十五年以上、失敗を繰り返しているのに、やめない。やめようという人は、この星には私くらいしかいないのではないか。

たいていは併用主義者で、就労支援だけでなく、ほかの支援もやりましょうといったぼっさり具合で、結果として出てきたのは、相談窓口、居場所、訪問支援などです。でも、なにひとつまともに機能していません。

誰がこんな腐れ支援を考えるのでしょう。少なくともひきこもり当事者（ご本人様）ではありません。じゃあ誰だ、支援者が考えているのかというと、そうじゃない。支援者なんて、委託事業という名の助成金を受け取るだけの、一介の出入り業者にすぎません。

分をわきまえず国に提言して、国のやることに関わっていこうとするならば、たちまち、言いたいことを言うだけじゃいけないと責任感を持たされ、なにもしないのはよくないと参加させられ、文句ばかり言うだけではだめだと協力させられる。貧乏臭い非営利事業者の行き着く先はいつも、苦言を呈《てい》しつつ、国の言うことをなんでも聞くことだけとなります。国の政策の決定に関与することなんてできないのです。なぜでしょうか。

ひきこもり支援を考えて実行させている何者かがいるのです。国家、支配者、権力者、資本、大企業と、空想すればきりがないですが、ここでは親しみを込めて「ご主人様」と呼ばせていただきます。

いまのご時世に当事者がなすべきことは、当事者研究のような、自分の内面を深く見つめることではなく、ひきこもり支援の内容を決定してくださる、ご主人様の研究ではないでしょうか。当事者研究を突き詰めても、その行き先は、おばあちゃんの知恵袋レベル止まりです。ほうれん草のゆで汁でしみ抜きができるとか、小さな石けんの活用法とか、まあそれはそれで日々の暮らしに役立つ素敵なものですし、そのような知恵を大切にして暮らすのも穏やかで平和なもので、結構なものですけれども、それだけが私たちひきこもり当事者のやるべきことなのでしょうか。

空想力はなんのためにあるのか、毎日ごろごろしたあげくそんな小さいことを考えていてはもったいない。Think Big! 頭がおかしいと思われてもいい、誰からも相手にされなくてもいい、空想はデカければデカいほどよいのです。

私は当事者研究ではなく、ご主人様研究をします。ご主人様がひきこもりを中心とした、生産性のない人間を、どうしようと考えているのか。自分の悩みについてばかり考えるのではなく、ご主人様の苦悩に思考をめぐらせるのです。そういった視点を持てば、なんでひきこもりが就労訓練ばかりさせられているのか、やっても無駄なのに、それでもやらせるのはなぜなのか。その理由が見えてきます。ちゃんとご主人様は考えていらっしゃるのです（そうでなければとっくにひきこもり支援なんてやめています。あなたたちときたら、あれこれ言い訳ばっかりして結局働かないんだからさ）。ご主人様がひきこもりに関心を持ち、やたらと訓練という形で干渉してくるけれども、けっして支援はしない（手当・給付は与えない）、その理由はなんなのか。

機会は平等に与えられている

ご主人様は、就労支援を通してひきこもりに就職して働いてもらおうなんて、考えてはいない。とっくの昔に賃金労働者としてのひきこもりに見切りをつけていて、社会から排除しています。受け入れる気なんてありません。就労支援が形だけの敗者復活戦であることは、みなさんも実感しているでしょう。申し込めば誰でも就労支援を受けられる、就職だってエントリーできます、誰に対しても門は開かれています、全開です。機会は与えられているのです。あなたたちのようなクズにも平等にチャンスを与えているんだ、それをよくかみしめておけ、というのが、ご主人様から私たちひきこもりへのメッセージなのです。機会を与えることが、ひきこもり当事者への最大の支援ということなのです。

なのにあなたたちときたら、チャンスは逃すためにあるもの、そう信じて、そのように生きていて、結局なんだかわからないまま、狐につままれたように、訓練期間は過ぎ去ってしまい、もとどおりのひきこもりになる。

ただそれまでとはちがうのは、支援を受けたということです。機会は与えられたのです、ぐだぐだ言い訳さえしなければ働けたでしょ、なのにひきこもりなわけですから、これはどうなります？　無能なんじゃないの、あなたは無能なのではないですかと、ご主人様はあなたたちに問いかけているのです。そしてあなたに、「イエス、アイ・アム・ムノウ」と答えてほしいのです。

ひきこもり支援とは、無能認定プロジェクトであると気づくべきです。ずーっと心のなかで思っていたでしょ、俺はだめなんじゃないかって、働けない自分に劣等感を感じていたでしょ。ご主人様は、そうじゃないんだと言いたいのです。「だめなんじゃないか」じゃなくて、「だめなんだ」と。劣等感ではなくて、劣等そのものなんだと。疑問形をやめて確定しろ、劣等に〝感〟をつけるのをやめろと言っているのです。

就労支援は失敗だと言いましたけれども、ひきこもり当事者に、自分は無能だと、自己否定感ではなく、完全に〝感〟を取り除いて、自己否定させることができたのであれば、ご主人様の狙いどおりとなったとも言えます。失敗ではなく成功。

支援の場では、表向き自己肯定感が大事とか、自信を持とうとか言うけど、あれは嘘なのです。実際問題、働け働けと言われ続けて、死ぬ思いでちょっとアルバイトして、すぐやめてを繰り返してさ、また一から出直しだと、ひきこもり支援を受けて、障害者枠とかも利用して、でも結局はだめで、前よりもだめになっていて、自信をすべて失ったわけでしょ。値段のつかない、誰からも必要とされない、市場価値のない人間だというのが、ひきこもり支援を通じて明らかになっちゃったんでしょ。現在の自分の状態は、自分で蒔いた種としか思えない、機会があったのに生かせなかった、それは自分の能力のせいであって、国のせいではないって思っているでしょ。もう二度と社会が悪いなんて恥ずかしくて言えなくなりました。みんなそうなっていくんです。

そして支援を受ける前は口にしなかったような、矛盾している言葉まで出てくるようになるのです。「働きたいけど、働けない」。

ああ、無能

堕ちるとこまで堕ちてしまいましたな。どうしてしまったというのか。食べたいものは食べるし、やりたいゲームはずっとやっているあなたが、なにを言っちゃっているんですか。働きたいなら働くに決まっています。言い訳になってない。ひきこもり支援を受けて気が変になってしまったのですかな。

ひきこもり支援を受けてなお正気を保っている人は「働きたいけど、働けない」なんていう妄言は口にしません、黙って精神科に行きます、病気か障害の診断書をもらってくるのです。

そして薬を飲む。ひきこもりは病気ではないなんて言っていたけど、気づけば病人と障害者だらけじゃないですか。働かないってそれだけのために、なんで病名が必要なのか、働かない理由が障害でないとだめなのか。ひきこもりは病気でないという時代はとうに過ぎ、ひきこもり支援の成果で無能だと思い知らされて、打ちのめされた人が、自分の心を守るために、原因を病気や障害に求める。病気であること、障害があることを受け入れて安心しているのです。

無能な人間だとして実行される排除、その言い訳をするのは、追い出した側ではなく、追い出された人たちです。病名や障害について詳しく説明して、正当な排除に対する理解と合理的配慮を求める。みんなが自分に合う新しい病名を探している。ひきこもりの居場所には常に最新の心の病気を抱えた人がやってくる。新発売された薬を誰かが飲んでいる。私だって飲んでいる。

ご主人様による、ひきこもり支援の狙いはここにあります。勘違いしている人がいるかもしれないけれども、ご主人様は、あなたたち一〇〇万人のひきこもりを自衛隊に入れようなんてこれっぽかしも思っていない。そんなことを言うやつはご主人様なんかじゃない、ご主人様の犬ですらない。支配者の立場に立って考えてごらん。君たちじゃあ困るんですよ。いざ戦いのときに、戦闘機が飛ばない、戦車が走らない、戦艦は沈没する、そんな軍隊では困ります。日本、戦争に勝てません。だからひきこもりを徴兵するんじゃなくて、就労支援するのです。

就労支援を経ることで、額に無能のラベルを自ら貼りつけるようになる、それが実は、ご主人様によって貼りつけられたラベルだと気づけないような巧妙さで。凡庸な人間は他人によって無能認定されたとすら気づけません、自分で自分の無力さに気づいたと思っている。けれどそうじゃない。ひきこもり支援という自信喪失プログラムを消化した当然の結果なのです。

こんなどんづまった洗脳から自分を解放していかなければなりません。自分を無能だと信じている人が、例えば私のような者が、ひきこもり支援として直接給付を求め、それだけが本当の支援だなんて言うと、そんなずうずうしいことを言う人がひきこもり当事者だと思われたくないと、自分に不利益になるようなことをご主人様に代わって主張するような当事者になります。すべてを奪われた人間は、ソクラテスの無知の知をまちがって解釈したような、自分は無能であると気づける分、気づいてない無能よりは有能であるというような、奇妙な優越感で生きています、世も末だ、滅亡寸前の星に住む最後の人類のような心境になりますのぅ。

無能か無能じゃないかなんて、その人の持っている価値観によって変わるのです。ご主人様にとっての価値のある人間っていうのは、「働くしか能のない人」のことです。賃金労働者として働いて、金を稼ぐこと以外、なにも持っていない人。ご主人様は、働く能力のある、なしで人の価値を決めます。この星に住むすべての人が、このたった一つの価値観しか持たない、そんな星にしたいのです。

だから、この価値観から一番遠いところに住んでいる、働くことなんてたいして価値がないと思っていて実際に働いていない、ケチケチしていてお金を使いたがらない、稼ごうとも思わない、一人暮らしもしない、見栄も張らず、いつも同じ汚い服を着ていて、それで全然平気な、好きなお酒がワンカップ大関という、親のスネをかじって生きている、つまりは働くこと以外に価値観を持っている人、自由な時間とか、自分がやりたいこととか、そういうことにこそ価値があると思っているひきこもりを「支援」するのです。

ひきこもりは倒れたままなのか

そんなご主人様のやり口に感心しているばかりではいけませんな。この状況をなんとか打破しなければなりません、私たちしかいないのです。ご主人様はまっ先に働いている人を征服してしまいました。労働組合なんてまずストライキができないのです。電車やバスがストライキで止まると、吊るし上げられるのは経営者ではなく、労働権を行使する働く人たちなのです。何万人の足に影響が出たとテレビで報じられ迷惑がられるだけで、誰も応援してくれません。みんな仲間のはずです。労働の価値が上がることはみんなの利益のはずなのに、そうは思ってもらえないのです。

学生もそうです、学生運動なんてあったのは大昔の話で、いまは奨学金という借金を十代で背負わされ、卒業後にすぐ働いて返さなければならないのです。そんな状況に置かれた学生が、ご主人様に逆らうことなんてできるでしょうか。できねえよー。親や親戚が保証人なんだよ、国に逆らうなんてできねえよー。誰も抵抗できないのです。ご主人様の手の届かないところにいるのは、ひきこもりのように働かない、生産性のない人だけなのです。

生産性がないから価値がないと思わされていますが、そうじゃない。生産性以外にも、この星にはたくさんの価値があります。自分にとって大切なものが価値なのです。価値は他人に決めさせるものではありません。価値に優劣はなく、他人と比較するものでもありません。そのことに私たちは気づいているのです（気づいてない人もいるけど）。その結果として、私たちは多様なのです。

ひきこもり支援として就労支援を用意しているにもかかわらず、ちっとも食いつかないひきこもりが多数おります。これがひきこもり当事者の希望の光となっています。支援を受けていないので、自分に無能のレッテルを貼りつけるようなことはしません。いつも、だめかもしれない、と思いつつ、思うだけです。小中学校の頃勉強ができたというそれだけの理由で、五十歳を過ぎたいまでも、自分のことをやればできる子と思い込んでいる中年ひきこもりの男性を私は知っています。彼はひきこもり六畳間にいる限り無敵です。現代の無敵艦隊です。こんな多様性を持った彼らをひとつの価値観に染め上げるのは簡単ではありません。なにもしていないようで、日々人間ストライキを続けています。人手不足の世の中でも働かず、労働の価値を下げようとしない、国家に楯突く頑固者たちです。

憤慨したご主人様は就労訓練を受けないひきこもりに対して訪問支援をはじめましたが、当事者たちはますます地下に潜り抵抗します。訪問支援という、まずいラーメンの出前なんてお断りなのです。家族関係を悪くするだけ。居場所という甘い言葉で釣り出しておいて、自立支援・就労訓練に誘導することも目論みましたが、これはひきこもり界の重鎮たちによって、似非居場所、人間ゴミ箱であるとすぐに見抜かれ、却下されてしまいました。

居場所とは水たまりのようなもの、心の雨が降ったあとに自然とできるものです。そんな就労のにおいがぷんぷんとする、キナ臭い場所が居場所であろうはずがありません。

さて、いよいよご主人様の正体を解き明かすときがきましたな。発表します。ばーん。それは守銭奴であります。自分一人でたくさん持ち、他人には一切分け与えない、あの守銭奴なのです。人類の歴史から見ればずーっと卑しい人間だった守銭奴が、時代の流れによって一時的にご主人様（支配層）になっているだけにすぎません。雇用が増えると、なぜアイツらが喜ぶのか、そうすることで自分の利益が増えるからです。たくさん人を働かせれば売上が増えるのです、雇う側の視点で考えればそうなります。その代わり人件費は支出（経費）です。だから低賃金、保障なしの非正規社員ばかりになります。こういう労働の問題を、働いていない私が話すのはまったく説得力に欠けますし、自分でもどうしてこういうことになったのかわからないのですが、でも、きっとこれが自由な時間を持つ者の使命なのでしょう。自由はいいなー、最高です。

どうでしょう、いかがなものでしょうか。もはや自分の価値を、守銭奴の価値に置き換えることのバカバカしさをご理解いただけたのではないでしょうか。就労支援なんて拒否するのみです。必要なのは直接給付だけ。山分けだ、ベーシックインカムだ、アベレージインカムだ、GDP五〇〇兆円の半分を一億二五〇〇万人で山分けして、ひとり二〇〇万円だ。★うっふーい、うっふーい。俺たちの時代がやってくるぞ、俺たちがご主人様なんだ。

★ 金井利之「公正な分配のある社会」『貧困と子ども・学力研究委員会報告書』教育文化総合研究所

第一章　六畳間の大宇宙

空想全開！
怠けスイッチＯＮ！

半人前理想主義から、ゼロ人前理想主義へ

空の鳥を見よ

空の鳥を見よ、播かず、刈らず、倉に収めず。それでも天の父はこれを養っている。まして君たちはこれよりも遥かに優れたものじゃないか、とイエスはおっしゃっております。

空の鳥とは、子ども部屋で寝そべり、天井を眺め、空想の羽をはばたかせているひきこもりのことです。すでに二千年も前に、あのお方は、すべてお見通しだったのですな。もはや我々のような俗物に付け加えるようなことはなにもありません。

思い煩うな、どーんといけ、くよくよせずに葡萄酒でも飲みたまえ。なんで働かないのかと聞かれたら、空の鳥を見よと答えればよいのですよ。

ゼロ人前理想主義

「生涯、半人前でいい」というのが私のモットーだったのですが、この考えも更新するときが来たようですな。

一人前になれという世間の圧《アツ》に対して、半人前がいいと、心にもないことを（無意識のうちに）自分の本心であると思い込み主張しておりました。これは私のなかにある、内なる奴隷根性のなせる業だったとしか思えません。

にわかに覚えたワークシェアリングという考えを自分に引きつけて、一日八時間労働ではキビシイ、一日四時間労働くらいにしてほしいと、半人前理想主義を掲げたのです。

でも、私のことを知っている人ならば「あいつが人の半分でも働いているところを見たことがない」と思っておられるでしょう。そうなのです、私のどこにも半人前なんてなかったのです、あるのはゼロ人前のみ。一分として賃金労働をしない、ワークシェアしない私が、こともあろうに半人前理想主義を主張していたのです。

私の内なる奴隷根性というものがどういうものだったのか。自分の内面を考察し、反省するに、これは内なるご主人様に対する忖度《そんたく》のひとつのバリエーションであったという結論に達しました。

八時間労働が標準の世の中で、どうか半分の四時間で勘弁していただきたいと、なにも言われぬ前から、まだ見ぬ空想上の交渉相手に擦り寄っていたのです。空想土下座外交。進んで奴隷となり、自分の片手片足だけを鎖につないで、どうかこれで勘弁してくれとお願いしていたのです。

ただこれは勝手な私の視点でありまして、ご主人様から見れば、低賃金保障なしで八時間＋残業をして当たり前の者が、労働時間を半分にしろと言ったあげく、賃金はちゃっかり一人前を要求するというのですから、実質、所得倍増計画をぶち上げたも同然、内なる池田勇人内閣であります。

私は権力に媚びへつらい、擦り寄ったつもりでしたが、ぜんぜん擦り寄れていませんでした。しかも、その擦り寄りすらウソだったのです。私のやり続けていることは、ゼロ人前のゼロ時間労働なのです。

働く時間を値引いて少なくすることを考えるのではなく、生きることと働くことを切り離さなきゃいけなかったのです。生きる権利は働いた賃金で買うものではない。

怠け者の生存戦略として、ゼロ人前理想主義の旗を掲げ、どーんとやっていきたい。賃金労働ゼロで生きる。それを認めない限り、ひきこもりもニートも障害者も病人も子どももお年寄りも、生きていけないとなります。貧乏人は麦を食え、となってしまいます。

半人前理想主義から、ゼロ人前理想主義へ、こっそりと更新させてもらいます。今度こそはまちがいありません。私はウソは申しません。

いのちのお金――偽善者よりお金が大事

自立とは、他の援助や支配を受けず、自分の力で判断したり身を立てたりすること。
『広辞苑』より

やらぬ善よりやる偽善。なにもしないよりは、なにかしたほうがいい。そう思っていて、なにかよいことをしたいのなら、自分のポケットのなかにあるお金を渡してあげればいい。日本には、モノやサービスはいくらでもあるのです。お金があれば、必要なモノやサービスを、必要なときに必要なだけ交換することができます。困っている人のニーズを調査する必要なんてないのです。困っている人のニーズなんて考えんでよろしい。

困っている人に直接現金を渡す、それが支援なのです。困っている人はお金を使って、自ら困りごとを解決していきます。支配を受けず、自分で判断する。それはお金があってはじめて可能なことです。

どうしても善をおこない、徳を積みたいのならポケットのなかのお金を助けたい人にあげたまえ。ケチケチすんなよ、あるのはわかっているんだぞ。でも、それはやらんのでしょうな。自分だってそんなに裕福じゃないとか言って一円も渡さない、それはこの星に住む我々がケチ（ブッダいうところの物惜しみ）だからなのです。

お金を渡さない言い訳ばかりしている。真の解決にはならないだとか、お金の切れ目が縁の切れ目になる、お金と友情の両方を失う、生活保護を受けたほうがいい、自己破産をしろ、お金より人が大事、絆が大事。あれこれ腐ったアドバイスをして、自分の財布を握りしめて、マネーを死守する。

そんなケチがよく口にする言葉が自立です。自立とは相手に対してどうこうということではなくて、自分の財布の中身を守りたいという、一方的な守銭奴の祈りにすぎないのです。

自立を理由にすれば、身銭を切らず、堂々と困った人の前を素通りできます。お金を渡さない口実ができたぞ、自立だ、自立支援だ、それが困っている人にとって一番いいんだ、相談しろ、訓練を受けろ、甘やかすのは本人のためにならないと言う。

カネより人だなんていうケチ坊主のふところに助成金は流れ込み、すべてアイツらの人件費に消えていく。いかがなものでしょうか。それはいかんの〝い〟。我々にいのちのマネーを。真理は人よりお金、訓練より現金なのですよ。

ジリツ・スキーム

自立支援されるのは、常に自立していない人です。

つまり支援を受けるのならば、その前提条件として、自立していない自分の現状は好ましくないという自己否定を受け入れざるをえません。自己肯定は、支援を受けて自立できたあとに手に入れることができる、スーパーアイテムという設定になっているからです。

「自立していないお前はだめだ」という支援者の声に対して、「さよう、私はだめでございますな」と認めることから支援ははじまるのです。

ここで「自立していないとは何事だ」「だめ人間呼ばわりされる覚えはない」といった具合に〝自己肯定〟してしまうと、支援にはつながりません。

自立していない人を支援につなげるには、自己肯定している人に「自分はだめな人間だ」と納得してもらわないといけません。あの手この手を使い、ありのままの自分を否定させ、支援によって矯正された自分を目指すよう仕向けるのです。

他者からの否定を、自己否定へとすり替える作業を終えた者たちが、就労支援や居場所に行くようになり、支援者が肯定できるような人間になるべく訓練される。

自立支援によって失われるものは〝自己〟なのです。それでいながら自己はあるという設定でおこなわれるのも自立支援なのです。

それにしても、支援者の助けを借りなければ存在できない自己肯定とはいったいなんなのでしょうか。こんなのは言葉遊びでしかなく、どこにも自己なんて存在していません。支援者にとって都合のいい肯定があるだけです。彼らの肯定するものに従う「いいなりになる人間」をつくることが、自立支援の目指す目的地なのです。

自立支援のなにもかもがろくでもないのですよ。

この星で働く理由がない

俺たちゃみんなコバンザメ——99%のためのコバンザメ宣言

コバンザメという魚がいったいなにをしたいのか、なんであんな生き方をしているのか、さっぱりわかりませんでした。

なぜ自分で泳がないんだろう。魚が海で泳ぐのは当たり前じゃないかと思っていたのですが、いまならわかります。あなた様が生きるお手本だったのですね。私もコバンザメになりたい。いやもうすでになっていました。人間コバンザメとして五十年、どこに出しても恥ずかしい、立派な成魚であります。

一方で、大型回遊魚のマグロやサメはどういうものかというと、泳ぐのをやめるとエラ呼吸ができなくなって酸欠で死んでしまうというじゃないですか。びっくりしますな。

ちなみにコバンザメは、名前にはサメとついているものの、サメでもなんでもない。コバンザメという種類の魚なのだそうです。

そんな豆知識はさておき、私がここで論じたいのは、コバンザメの生き方、考え方です。生きることと泳ぐことがひとつになっている、それが当たり前のこととなっている海のなかで、ただ一匹、それはほんとうなのか、ちがうのではないかと疑問を持ち、じっくり立ち止まって考えはじめたのです。

立ち止まって考えると言うは易いが、実際に行うのは難しいもの、ましてや海のなかです。しかし哲学とは、なにかの片手間に考えてすませるものではありません。じっくりと腰をすえて思索する場が必要なのです。

そんなコバンザメの頭上を、ゆうゆうと泳ぐ巨大な魚がいました。ジンベエザメです。コバンザメは「うひょひょ」「こりゃあいいぞ」と、ひとしきり感心したあと、全速前進、ぴたーんとジンベエザメの下っ腹に貼りついたのです。

これにはジンベエザメも驚きました。魚のくせに自分で泳がず、ほかの魚の腹に吸いつくのです。なんともジャマなやつと、体をよじらせ、振り払おうとしましたが、そこはコバンザメ、そうはさせまいと、ダイソンの掃除機にも負けない吸引力を発揮して、ジンベエザメの腹にくっつき、離れません。

やがて、ジンベエザメも諦めてというか、苦労のわりに報われることが少ないことを悟り、小魚の一匹や二匹、消費税のようなものだと気持ちを切り替えて、もとのとおり、ゆうゆうと海を泳ぎだしたのです、というか、泳ぐしかありません。だってジンベエザメもまた、泳がないと死んでしまう魚だからです。

こうしてコバンザメは、大魚の腹にくっつき、敵から身を守りつつ、餌のおこぼれをいただくという、完璧な〝すねかじりシステム〟を構築したのです。ジンベエザメの腹の下で、じっくりと立ち止まって思索をするのです。

そんなコバンザメに対して、ジンベエザメがいなくなったらどうするんだ、ということを指摘する魚もいましたが、それには答えがあります。

コバンザメだけの問題ではない、ということです。ジンベエザメがいなくなるということは、環境の破壊であり、豊かな自然がなくなるということです。コバンザメ個人の問題ではない。コバンザメはこのことに気づいたのです。

ジンベエザメの腹にひっつきながら、広い海にニラミを利《き》かせ、社会の構造そのものを問うている。コバンザメの問題は社会の問題、コバンザメだけをどうこうして解決することではないのです。

コバンザメの自由についても話しておきましょう。なるほどジンベエザメはいつでも行きたいところへ行けます、東へも西へも、遠くへも近くへも。一方、コバンザメはというと「俺がどこに行くかは、俺にもわからないんだ」といったあんばいです。

でもこれをもって、コバンザメに自由がないと決めつけるのはいかがなものでしょうか。あてもない気ままな旅、明日は明日の風が吹く、住めば都など、言い方ひとつじゃないですか。どこに行こうと行くまいと、何者もコバンザメの自由に制限を加えることなどできません。吸盤ひとつ、ぴたーんと貼りついて、それでもう自由なのです。

腹にコバンザメをつけたジンベエザメこそ、真に富める者であるということも言っておかなければなりません。腹に小魚をくっつけ泳ぐさまは、腹巻のなかにしこたま小判を詰め込んでいる御大尽そのものじゃありませんか。身に小判をまとって大海を闊歩する、太っ腹な大親分なのです。

逆に、腹に魚がくっついていないのは一文無しです。宇宙からのお金配りとかいっておいて、はした金と引き換えに、変なアプリをスマホにインストールさせ、個人情報を引き抜いて自分が儲けることとしか考えていない、アイツといっしょです。一枚の小判も持っていない心のひもじい貧乏人です。

コバンザメがいるということは、それはジンベエザメがいるということ、つまり豊かな自然があるということです。その豊かさをみんなで享受する、そういうことなのです。鯛やヒラメだけじゃない、クラゲやヒトデ、深海魚やバカ貝も舞い踊ってこそ、俺たちの竜宮城であり、俺たちの海、近づいてみれば誰一人まともな魚はいないのです。

コバンザメ・イズ・ビューティフル。泳ぐことが生きることなのではない、生きるのに条件などない。コバンザメはちゃっかり者ではない、ジンベエザメは依存先ではない、すべては豊かな環境が生み出したもの、自然の調和そのものなのですよ。

心の田を耕す農夫

ある村でのことです。すべてを見通す人、目覚めた人ブッダに、村のバラモン（司祭者）が「なぜ働かずに食うのか」と尋ねました。

ブッダはこう答えました。「バラモンよ、わたしは智慧の鍬で心の田を耕し、悟りの果実をもたらすのです」「バラモンよ、この収穫が人々を苦悩から解放させるのです」と。

そうです、そうですとも。ひきこもりも心の田を耕す農夫であります。毎日毎日、耕してばかりでございます。

目覚めた人、すべてを見通す眼《まなこ》ある人ブッダは働くことを禁止しておりました。正確に言えば、心の田は耕しても、実際の田を耕して収穫を得ることを禁止していたのです。だから心の稲は実れども、空腹を満たす食べ物は手に入りません。

そこでお布施です、ブッダは托鉢《たくはつ》をして、在家の方々からもらうことで生活をしていました。自立していなかったのです。それどころか在家に依存して生きていくようにと戒律で定めていたのです。ブッダをはじめ、弟子たち全員が托鉢で生活していました。自立せず、依存して生きてゆく。その結果はどうでしょう、ブッダの教えは広まり、いまもなお存続しているじゃないですか。

二五〇〇年もの昔に、自立を禁止したお釈迦様はさすがとしか言いようがありません。なにが自立支援だ。冗談じゃないぞ。

現代の修行僧であるひきこもりのなかに、働きたいのに働けないなどと、在家の方々に対し、心にもない嘘をつく者がいるとか、いないとか。ブッダもたいへん悲しんでおられます。嘘は心の毒、戒律でも禁止されておるのですよ。

在家の方々に対しては、常に正直に「私は心の畑を耕す農夫である」と、そのように答えていただきたいですな。

ひきこもりなまぐさ進路相談――十五の夜

十五歳になり、中学卒業後の進路をどうしようか考えているひきこもり諸君。将来に怯え、生まれたての仔馬のようにぷるぷると部屋のなかで震えているひきこもり諸君よ。中学校までは、学校なんて一日も行かなくても進級できるし、卒業もできました。しかし高校となると、入学するには試験があり、合格しても通学して単位をもらわないと進級できません。学校はつらい、勉強はつらい、どうしたらいいのか。そんなキッズに、もし私がいま高校受験をひかえている十五歳だったならば、という空想のもと、出した結論がこれです。

上策　自由人になる。（四十歳くらいまでぶらぶらして、なにかを目指す）

中策　通信制単位制高校に入学する。（高卒認定試験［高等学校卒業程度認定試験］も併用しつつ、高卒を目指す）

下策　高卒認定試験合格を目指す。（高卒認定試験浪人。合格後に、大学を目指す）

高校とか大学とか、そんなのはうっちゃって、無冠の帝王への道をまっすぐ進むのを上策とします。義務教育の終了を、これ幸いとし、進学もせず就職もせず、即自由人になるのです。しかし、かつての自分がそうであったように、こんな気合の入った、無担保中卒ライフに突入する度胸のある人がいまの日本に何人いるでしょうか。私自身、誰よりも学歴に飢えていました。落ちこぼれで勉強もしてなかったくせに、高校中退後も未練たっぷりに、大学入学資格検定（通称大検。現在の高卒認定試験）なんてものを受け、大学受験をし、三浪してどこの大学にも合格しないという、悲惨な体験をいたしました。十代後半から、二十代前半にかけて、結果としてなにもしないどころか、自分が一番したくない、一番嫌いな受験勉強にエネルギーを費やしてしまったのです。

そんな反省のもとに、ひきこもり進路指導員として、まずは正しい道、自由人はどうでしょうかとキッズにお奨めしているわけです。

でも自由人になることだけが、ひきこもりの進路ではありません。「通信制単位制高校進学」と、高卒認定試験合格を目指す「高認浪人」の二つは、ひきこもり業界の王道の進路であります。私自身、大検の合格者なのです。でも、どっちにするかは迷うところですな。だったら、迷えばいい。自由人の選択肢も含めて言えることですが、ひきこもり諸君は、実は中三の受験シーズンに慌てて進路を決める必要がないのです。

全日制の普通科高校に進学するというのなら、入学試験があるので、中三の秋までには進路を決めて、どこの高校に行くか選ばなければなりません。でも通信制高校ならいつでも入学できるのです（前期・後期・編入といろいろ）、必ずしも中学卒業と同時に入学する必要はないのです。

高認浪人ならなおのこと。試験は年に二回、八月と十一月にあり、何度でも受験できます。進路を決めずに卒業しても、なにひとつ遅れをとるということはありません。

「とりあえずいまはなにもしない」

大事なのはこれ。「なにもしない」をきっちりやりきれば、おのずと心から焦りがなくなり、自分がなにをしたいのか、なにをしたくないのかが考えられるようになります。落ち着いて自分の進路を、自分自身で決めることができるのです。

それが、高校在学中、通学時には「どこでもドアがあればいいな」と思い、試験のときには「コンピューター・ペンシルがあればいいな」などと考えて、高校中退後は、同級生に追いつこうと慌てて大検を取ったものの、大学受験すること三回、どこにも合格できず、ひきこもりを極限まで悪化させた、自称ひきこもり名人がたどりついた涙の結論です。参考にしてください。

あと最後に、高認浪人を目指すキッズにだけ、大検兄貴からの苦い忠告を付け加えさせてほしい。私も、意気揚々と大検から大学卒業を目指すという、人生のショートカットを発見し、これが自分に一番合っていると思って、そうしたのですが、目指しはしたけれどもできなかったときのこと、それを計算に入れておかないと（こんな不安を煽るようなことは言いたくないが）、私みたいになっちゃうぞ。

私のどんづまりがどんなものか、私が語るよりも、文部科学省のウェブサイトの「高等学校卒業程度認定試験Q＆A」を見れば一目瞭然です。ここに書いてあるQ＆Aが、高卒認定試験という資格のようで資格ではない、珍妙なものの本質を雄弁に物語っております。丸々引用しましょう。

Q　高卒認定試験に合格すると、最終学歴は高等学校卒業になるのですか？

A　なりません。

合格者は高等学校を卒業した方と同等以上の学力があると認められますが、高等学校を卒業しなければ最終学歴は高等学校卒業とはなりません。

あばばばば。じゃあ、なんなの高卒認定試験。名前に偽りありじゃないですかね。こんなこともあって高卒認定試験一本に絞る進路選択は下策なのです。やればできる子と言われて育った人ほど、要注意ですぞ。

ルール

二〇一六年はブラジルのリオデジャネイロ、二〇二一年は東京、そして二〇二四年はパリでオリンピックが開催されました。開会式から閉会式まで、あそこにいる選手たちは、本質的にはなんの役にも立たない、誰も必要としないことをずっとやっています。

奇妙かつ危険な動きで、世界一を競い合うのです。もしオリンピックがなかったら、この人たちは全員ニートでしょう。たまたま彼らの動きが、五輪競技として認められたため、選手になったのです。

ルール（きまり）があって、それを忠実に守って生きることに人生のほとんどを費やしたニートたちが、四年に一度、選手としてオリンピックにやってくるのです。

奇想天外な技の数々。あれはルールが生み出したもの。ルール上、高難易度の技として認められ、点数になるから、むやみに体をひねって回転しているのです。やりたくもないし、好きでもない。ルールに服従した結果がアレなのです。

スポーツだけではありません、学校の勉強にもルールがあります。国語、算数（数学）、理科、社会、英語が優遇されているでしょう。これらの科目は高校・大学受験などでも必須科目です。芸術大学、体育大学といった特別な学校に進学するときでさえこれらは必要となります。それに比べて図工ときたら、ずっと図工でしかありません。

日本人が英語を中学・高校と六年間教わっても、全然話せないのもルールのせいです。入試がほぼ筆記試験なので、話す能力は身につけなくていいのです。ほとんどの人が漫然と、ルールに従って生きている。異議申し立てをして世の中から弾かれるより、不条理を感じながらも従うほうを選びます。そのほうが楽でお得だからです。

でもルールは絶対じゃありません。むしろ、うつろいやすいもの。働くということに関しても、昔の日本なら終身雇用で、大学を出て会社に入れば、ずっとやっていけました。ところが元日産の社長だったカルロス・ゴーン氏★のような空気の読めない経営者が出てきて、ばんばんリストラ（人員削減）をしていったのです。正社員をクビにして、非正規のアルバイトに変える。まさに掟破りのゴーン社長が、経営の立て直し、V字回復と、気づけば優秀な経営者ということになっていました。

ルールを守らずに、破る者があらわれても、スポーツとちがい現実社会では、その無法、卑怯、恥知らずが咎められることがありません。そこにルールの不思議さがあります。そして誰かがきまりを破って得をしていると、みんなもマネするようになり、今度はそれが新しいルールになります。正社員を減らして人件費を抑える、社員を貧しくする経営が標準となるのです。

フランツ・カフカに『掟の門』という小説があります。どういう話かというと、男が門の中に入れてくれと、門番に頼むが入れてもらえない。長い月日が流れて、いよいよ死ぬというときに、門番に、自分のほかに誰もこの門の中に入れてくれと言ってこないのはなぜか尋ねると、「この門は、お前ひとりのためのものだ」と答えるというものです。

掟というものは、従う者にとってのみ、掟なのです。

ルールに従順な者だけが門の前で死んでいく。それがルールだからという理由で従っていると、世の中の片隅に追いやられて死んでしまう。ルールなんて捨てろ、従うな。全部、無許可でいい。

自分が悪いと思ったらおしまいだぞ！

★その後、ゴーン氏が引田天功ばりの大脱出でレバノンに逃亡、リアルルパン三世だったことが発覚しましたが、ここではゴーン氏の名前を、掟を解体するのではなく、新たな掟をつくって従わせる、典型的な経営者の象徴として使っております。

この星でどうやって生きていくか

武道館にひきこもりを一万人くらい集め、オーディエンス相手に、働かないのかーい？　イエーイ！　働けないのかーい？　イエ――イ！　そんなコール・アンド・レスポンスをやってみたい。この呼びかけを、「一生、働きたくないのかーい？」にしたら、東京ドームが三日間、ひきこもりで満員になる。まちがいない。

私は働いておりません。かつてはアルバイトをしたこともありましたが、風邪ひいたから今日休みますと電話一本で欠勤したり、お腹が痛いからと言って途中で帰ったり、仕事がつらいので今日で辞めますと店長に伝えて失踪してしまうような人間です。ワタミみたいな、過労死する人が出るような職場で働き続けるなんて、私にはできねえことでございます。

現代社会のなかで生きていくには、いくらかのお金が必要です。お金を得るには働くしかありません。命と賃金労働がくっついているのです。賃金労働は現代社会人の生命維持装置なのです。だからしかたがなく、とりあえずがんばろう、難しく考えるのはよそうと自分に言い聞かせ、それでなんとか体を動かしているのです。

生きることは働いてお金を稼ぐこと。そのことを誰よりもよくわかっているにもかかわらず、自分がやりたくないことをやろうとすると身体が動かない人たちがいます。アントニオ・ネグリ言うところの「指令に服従する能力のない身体」を持った人、それがひきこもりと呼ばれる人たちです。

なんでもいいからとりあえず働け、という押しつけに対し、心情的には完全に屈服し泣きべそをかきながら、筋金入りの怠惰的身体によって、結果論として働かず不服従を貫いてしまっている者たちです。

ひきこもりだけではなく、多くの人がほんとうは働きたいんじゃない、お金が欲しいだけなんじゃないか。投資なんてものが流行るのもそのせいじゃないか。株を買って、株価が上がった下がったで一喜一憂する。働かず、お金を得て、大喜びなんでしょ。

なにが資産運用だよ。お金が増えているのではない、誰かが損をして泣いているだけだ。「お父さんお腹が減ったよ」「ひもじいよー」と、どこかで子どもが泣いている。「お父さんを恨むんじゃない」「証券会社とアベノミクスを恨みな」そんな人間ドラマの陰で一部の人がこっそりと儲けているだけなのです。

お金が必要、といってもお金そのものはただの紙、もしくは丸くて平べったい金属であって、これ自体は持っていてもしかたがないもの、お金とは必要なものと交換するためのアイテムです。真の必要というのがあるのです。それが、食べるものと寝る場所。これだけが生きるための必須アイテムです。ないではすみません。

だからもし働くとしたら、それは食べるものと寝る場所を手に入れるための直接労働となります。世の中にほんとうの仕事というのは農家と大工の二つしかないのです。もしくはその兼業。農家の代わりに漁業でも可、とにかく食べものを生産している人です。衣食住の衣服も必要なものですが、服はあまっているようなのでここでは外しました。

さらに言うと、最近は空き家が多く、家もあまっているというじゃないですか、空き家問題です。食料もあまっていますよね、スーパーで売れ残ったものなどは捨てているんでしょ、フードロスの問題です。

となるとですよ、この星で働く理由がないではありませんか。あまっているもの、いらないものを、必要としている人に手渡さない腹黒い人がいるというだけの話です。働かない人が食べたり寝たりするのが腹立たしくてしょうがない、困っている人に一切分け与えない人たちが、成功者として君臨できる仕組みがおかしいのです。

あまっている人はお布施をする、ない人は托鉢《たくはつ》をする、それで大丈夫、世界はそれでまわるのです。あの尊いお方、目覚めた人ブッダがおっしゃったとおりだったのですな。真理はすでに二五〇〇年前に発見されていた。あとは我々が真理を受け取るだけなのですよ。

第二章　働かない奴隷

働く奴隷は社会を支える。
働かない奴隷は社会を変える。

現実からの逃走

ひきこもりダイアリー——定本 身の上話

だめ人間は常に身の上話を求められます。絶対だよ、逃れることはできません。最初に己の惨めな境遇を告白してからでないと、なにもさせてもらえません。

だめ人間が集《つど》うホスピタル、精神科。ほとんどの人は体が丈夫で悩みもなく、精神科なんてところには行ったことがないので知らないでしょうが、あのメンタルクリニックと称するところでは、初診において三十〜四十分ほど身の上話をさせられるのです。家族構成やら、どんな子どもだったたか、小中高校時代から大人になるまで、やったアルバイトのこと、なんで辞めたのかなど、冴えないしょうもない半生を診察室で語らせられるのです。医療というよりは、これもう、だめ人間が背負わされる業というべきものでしょう。

しかもこれが一回では終わらないのです。内科、外科、歯科といった一般的な病院とはちがって、精神科というところは医者と患者の相性が大事と言われます。だからこの医者とはちょっと合わないなという、ぼんやりとした不安を感じたら、別のところへと病院を変える、ということを繰り返す、これをドクターショッピングと呼びます。ということはですよ、我々はそのたびに、我が半生を語るトークショーをやらされるのです。精神科医というたったひとりの観客に向かって、名もなき市民が繰り返す回想録。それを口述筆記という形で医者がカルテに書き込み、次々と未発表の自伝的エッセイが出来上がるのです。

私のような、自称ひきこもり名人なんて名乗っているカワリモンともなると、身の上話は診察室にとどまりません。いままさにやっているこれもそうですが、自ら進んで身の上話を文章にしたりする。講演会のようなもので話すとき、インタビューのようなものを受けるとき、まずは自己紹介がてら身の上話から語りはじめないと相手には納得してもらえません。私という人間に独立した現在はない、過去の身の上話のおまけとして現在がくっついているのです。だめ人間の報いですかな。私なんぞは趣味としてインターネット上のブログに喜々として身の上話を書いてきた口ですから、周りの人から、「あなた、身の上話がお好きなんでしょ」と思われても不思議ではありません。

でも、もう話したくないのです。あまりにも多くやりすぎました。どんな子どもだったか、親との関係はどうだったか、学校では、アルバイト先ではと、過去の身の上話、俺クロニクルばかり編纂している、生放送なのにやっているコントは再放送というドリフターズのような人生、自分語りピエロ、いやだいやだ、もうやめたい。でも、しかし、それでいいのでしょうか。ローリング・ストーンズがライヴで「サティスファクション」を演奏せず、ステージからすたすたと降りてきたらいかがなものでしょうか。クイーンが「ボヘミアン・ラプソディ」をやらなかったらコンサートに来た観客はどんな気持ちになるでしょうか、考えてみたまえ。できないよ、そんなこと。ミックもフレディも毎回ちゃんと歌っていたじゃないか。やりましょう何度でも。身の上話を、やめろと言われるその日まで。

思い出その一。余の幼少の頃、つまり子どもの頃は、ママンのしつけがなかなかキビシイ家庭で育ちました。よく殴られておりました。なんで殴られているかはわからない。完全服従して泣いて謝ってみたり、ニヤニヤ笑いで非暴力を訴えたりしても、効果はゼロ、おかまいなしに殴られるという、怒りがおさまるスイッチがどこにもない母親に育てられたこと、それが私の身の上話の、おなじみの第一章であります。

思い出その二。母親への忖度《そんたく》として、学校のテストでよい点を取ることに、生き延びる活路を見出します。テストでよい点を取れば殴られない、そんな仮説を立てて生きていたのかもしれません。しかし中学生の頃から、学校の勉強が人生のなんの役に立つのかわからなくなり

（いまもわからないまま）、なんとなく高校には進学したものの、そこがまさかの頂点でありまして、その後成績は垂直に下がり、戦意喪失、勉強をする気が一切失せてしまったのです。学校の勉強なんてものは、ちょっとやればデキるからやっているのです。予習復習をしてようやく成績が維持できるなんていうのであれば、そりゃもうやらない、貴重な人生の時間をこんなことに割《さ》くわけにはいかない。そして高校三年で不登校になり、そのまま中退。アウトローになる。しかしグレて、そのあとどうこうするという当てもなければ、在野で食っていく野獣タイプでもない、むしろ完全なテスト勉強専用のもやしブロイラーでしたから、途方に暮れます。やっぱり俺には勉強しかないというか、いまで言うところの一番コストパフォーマンスがいいのが勉強をすることだという安易な結論に達しまして、大検、いまでいうところの高認を受けて合格。大学受験。一、二、三浪ダァー！　うひょー、どこにも受からない。なぜだ、それは一分も勉強をせずに、ひたすら現実逃避（主に読書）をしていたからですよ。ここが人生のどん底だと当時は信じていましたが、どん底人生のはじまりのホイッスルが吹かれたにすぎません。

思い出その三。フリーター人生のはじまり。といっても、働いていた時間より、現実逃避に求人広告を見ている時間のほうが何十倍も長いのですが、まあそこはひとつ御愛嬌ということでご勘弁をいただきたい。おでん工場、ドーナツ屋、郵便局。これが私の三大労働です。ひきこもり業界のなかでは、なかなかの職歴かもしれない、働き者かも。

思い出その四。二十六歳で精神科に行く。俺は病気じゃないというのが、人間としての最後のプライドでしたが、家の周りを泣きながらマラソンをするようになってしまうほど精神的にキビシクなってしまい、とうとう精神科を受診。うつ病確定。薬を処方される。ここがほんとうの人生のどん底かと思いましたが、まだまだ折り返し地点ですぞ。

思い出その五。クリニックに通院し、薬を飲んで静養していれば、うつ病は三カ月くらいでよくなると本には書いてありましたが、一年、二年たっても、一ミリもよくならない。嘘つき、ヤブ医者、真の搾取。いよいよ正真正銘のどん底に到着です、ここより下はなさそうだ、犍陀多《かんだた》と同じところまで来たと思えるタイミングで、この星に社会保障というものがあることを知ります。愕然《がくぜん》としました、生活保護があれば生きていけるじゃないか。利用できる社会資源があるじゃないか。精神障害者と認定されれば障害年金をもらえる可能性もある。しかし障害者はちょっと嫌だ、それ以外のことはなんでもやると思ったり、思わなかったり、でもほかに生きていく方法がまったく思いつかない、覚悟を決めて、年金が欲しいと、全身全霊をこめて申請書を書き、無事障害者となります。差別する側から差別される側になってしまったと、どんよりしていましたが、一文なしから年金生活者になったことが大きく、作業所にも通い、ソフトボールを満喫する平昼おじさんとして徐々に覚醒していきます。これまでは、「どうやって働いて生きていくか」ばかり考えていましたが、障害者デビュー以降は、似ているけどぜんぜんちがう「働かないでどう生きるか」という大テーマを得ることになり、働かずに生きる方法の研究というか、それを発見発明することが、無職エジソンの任務であると確信しております。やるぞ俺は、迷いはない。日々働かないイズムの実践です。

以上が私のアンコール劇場、身の上話こと自分語りです。少なく見積もっても、百回以上この話をしています。でも本来、こういう自分語りというものは需要がないものです。だって偉人でもなんでもない、歴史上の人物からは程遠いド素人の自伝なんて誰も聞きたくない、読みたくない、誰ひとり求めていないものでしょ。自費出版の本というものを見れば一目瞭然、語りたい人がいるばっかりで、読みたい人はいないのです。だから製作したのにほとんど流通しない、自費出版の自伝（自分史）が世にあふれているのです。中小企業の社長が書いた自伝を読まされる社員の苦しみを想像してほしい、プライスレスの精神的苦痛です。

素人が半生を語るなんて求められていない、はずなのに、なぜ我々だめ人間だけはなにかとあるたびに、幼少の頃からの半生を、寄せては返す波のように、何度も求められるのでしょうか。

自問自答の末たどりついた結論は、人生そのものが失敗談のみで構成されているから、人気が落ちず需要がある、というものです。他人の失敗は、何度聞いてもメシがウマい、メシウマ、ゆえにアンコールを求められる。失敗名人の同じ話が繰り返される。失敗談というだけで、語り手が無名のド素人であったとしても楽しんで聞ける、特にリアルタイムの失敗談には需要があるのです。

つまり、これをひっくり返せばいい、身の上話を求められずにすむようになる方法というのははっきりしている。

成功すればよいのです。社会的地位と収入があれば、誰もあなたの身の上話なんて聞きません。成功した人の話は価値がない。それは身の上話でも、自分語りでも、経験談でも、体験談でもない、そういうのは〝自慢話〟っていうんですよ。一番嫌われるものなんですよ。こうしたらうまくいった、こうすればうまくいくからやってみな、なんていう素人自慢の需要はゼロ、一切聞きたくないのです。

私は神社仏閣を訪れたさいには、賽銭箱に小銭を入れ、手を合わせ、「ありあまる富と名声が手に入りますように」と必ずお願いしています。

流れ星もけっして見逃しません、強く、短く、「トミ！」「メイセイ！」と確実に願いを届けております。願えば叶う、そう思った人は病気だし、こんなふうに常日頃から、祈る言葉を用意して身構えているような人間は、重症、不治の病と言えましょうな。

自己蜂起

ひきこもりとは、現実逃避をやり抜く力そのものであります。やらなきゃいけないこと、義務、責任、役割……そんな世の中で大事とされていること、すべて放り出して自由になる力の発露のことなのです。

なんでやらないんだ、どうしてだと言われても、理屈も常識もぴしゃっと跳ね返して、自由となる力、それがひきこもりです。「おしりが重くて動けない」「鉛のケツが持ち上がらねぇよう」。そんなことを言って六畳間にじっとしているのですが、これは元気がないわけでもなく、エネルギーが枯渇しているわけでもありません。

ひきこもりとは蜂起なのです。

普通、蜂起と言えば、民衆がいっせいに立ち上がり反抗することですが、ひきこもりはこれをひとりでやっております。

自己蜂起です。夏は扇風機の前で、冬は電気ストーブの前で、せめて一日一回くらいは外に出なきゃ鬱になる、なんて言いながら一歩も外に出ません。人間ストライキ、人間バリケード、六畳間のコミューン。そこには茶番も虚言もありません。蜂起のさきがけがあるだけです。

と、そんな妄想を畳の上で寝転びながらずっとしておりました。手元には『来たるべき蜂起』という本がありまして、それをちょろっと読んで、ふむふむなるほど、よしいっちょ俺も本気出すぞ、民衆よ立ち上がれ、と寝転んだまま、ただ空想蜂起を満喫していたのです。

本と想像力の翼があるかぎり、六畳間からどこへでも飛んでいける。生きづらさなんて存在しないのですよ。

人間ストライキ

人間ストライキとは、生きる権利などの要求を貫徹するため、一定期間ひとり六畳間にこもり就業を停止することです。

学校に行かない、アルバイトもしない、ただ畳の上にあぐらをかいて不機嫌そうにしている、一見なにもしていないように思えますが、それはちがいます、ストライキをしているのです。あのダシのきいたしかめっ面は、スト決行中の労働者の面構えと同じというわけですな。

無条件で生きる権利を保障しろという、壮大な要求を国家に対しておこなっているのです。満額回答をもらうまでは、何百年、何千年でも闘う、人間の寿命という枠に収まらない抵抗運動です。アウトノミアの未来であり、最前線のアクティビスト、銀河系活動家とも言えましょう。世間一般には〝ひきこもり〟と呼ばれております。

しかし労働組合のストライキですら、何万人の足に影響が出たというふうに経営者側の視点でしかマスコミで報道されないご時世です。心の大宇宙に忠実に生き、壮大な要求を掲げての闘争は、必然的にキビシイものとなります。

とあるアクティビストP氏を例にあげましょう。彼はだめ人間として、一部マニアにたいへん親しまれておりました。かつては週一回アルバイトをしていたそうですが、諸事情により週ゼロに。おっかさんからはおこづかい、友人に泣きついては借金、家賃は滞納と「もらう、借りる、払わない」の三大革命を日々実践しておりました。いかがなものでしょうか。これはだめなのでしょうか。彼に与えず、貸さず、催促して差し押さえる、のが正しいやり方なのでしょうか。そうではありません、カンパ、おごり、出世払い。我々がよくお世話になっていることれらすべてが、目覚めた者の慈悲であり、救い主様の愛であり、二千年前からずっと続く人間ストライキへのケアなのです。古代ギリシアの哲学者、樽のディオゲネスは「金に困ると、友人たちに、貸してくれとは言わないで、（返すべきものを）返してくれと言った」そうじゃないですか。現代のディオゲネスが友人からの借金を一円も返済しないのは当然のこと。むしろ、こんな窮地に追い込まれてもなお、命尽きるまでだめなままというのは、歴史に名を残す革命家の証ではないでしょうか。

人間ストライキが目指す、輝かしい未来とはなにか。それは、寄生する人と寄生される人を分けない平等な世界をつくることです。寄生する側とされる側が渾然一体となって、上下区別のない、ただひとつの光り輝く生命体となる。寄生の完成。それが無条件で生きる権利が保障された世界へ続く、たったひとつの道なのです。ブッダ、イエス、ディオゲネス、ぺぺ。生きとし生けるものすべてに、寄生レヴォリューション！

人間バートルビー——他人にしわ寄せがいく

「そうしないほうが好ましいのですが」

これはハーマン・メルヴィルが書いた短篇小説「バートルビー」のなかの有名なセリフです。主人公のバートルビーはこのひと言をもって、しないほうが好ましいことはしないのです。その、しないほうが好ましいと思うことをさせようとするのが、世の「道理」というものです。

雇い主ならば、金で雇われた人間は言うことを聞かなくてはいけないという、ありふれた道理で、私たちにしないほうが好ましいことをやらせようとします。私もあなたも、お金を受け取ったとたんあっさりと道理に負けて、いきなり賃金奴隷になってしまうのはどうしてでしょう。

この世にはびこっている逆らい難い道理を支える元、原子のようなものがあるのです。それが、あなたがやらないことによって「他人にしわ寄せがいく」という考えです。

私やあなたがしないことによって、みんなにしわ寄せがいく、みんなが迷惑するんだぞ。あなたがしなかったことを、誰かが代わりにやっているんだ。それはよくないではないか、自分でやりたまえという論法です。他人へのしわ寄せを人質に取られて、為すすべなく、しないほうが好ましいことをしてしまうのです。

しないほうが好ましいことを回避するために、ふだん私たちがよくやるのが病気アピールです。病気でしない／できないというのならば、他人へのしわ寄せも治るまでの一時的なものとして、しないことを猶予されます。だから私たちは、しないときにあれこれ熱烈に病気アピールをするのです。これは猶予を得るための道理であり、病気が治ったらやるという道理とのセットとなります。

ほかにも適材適所による配置転換をする、誰でもできるような簡単な仕事を与える、だからやりなさいという道理もあります。「合理的な配慮」によって我々の逃げ道は次々とふさがれているのです。

道理はあらゆる形に変化しますが、結局のところは「しないほうが好ましい」ことをさせるためのものです。世の道理、常識、規範、当たり前でもってして、「しないほうが好ましい」ことをさせる。道理に従わせるのです。

だから道理には従わないほうが好ましいのです。

道理が人間を値踏みし、仕事を押しつけて、断れなくさせて働かせるのです。

また一方で道理が人間を解雇するのです。道理は人間を置き去りにし、立ち退きを要求して、警察に通報する。私もあなたも最後は、道理によって浮浪者となり逮捕され、収容所に入れられるのです。

でも道理に従うか、道理を受け入れずに餓死するか、どちらかしかないのでしょうか、そのように思い込まされているだけなんじゃないのか。道理なんぞ蹴っ飛ばして、しないほうが好ましいことは、しなければいい。すべてはそこからはじまります。「しないほうが好ましい」は出発点なのです。バックレよう、寝よう、たまに起きて空想しよう。そこにこそ人間の可能性があるのです。働け、出てけ、と言われたら、「しないほうが好ましいのです」と言うのが好ましいのです。私もこれからは、そのように答えようと思っております。

逃げ相撲

行司のハッケヨイのかけ声とともに、土俵のなかを逃げまわっております。周りからは、なめるな、ふざけるな、いつまでも逃げられると思ったら大まちがいだぞ、という叱咤の声があがりますが、そのまま五十年継続であります。自分でも、さすがに死ぬまで逃げ続けるのは無理じゃないかという気持ちはあります。が、心の隅っこには、逃げ相撲一筋五十年のキャリアによる裏付けというか、これまでも、そしてこれからも、なんていう自信ではないけれども、なんだかよくわからない〝力〟が身についちゃっているのを実感するのです。逃げまわっていたヤツなんかに力なんてつくはずがない、力というものは、現実と向かい合い、がっぷり四つに組んで、土俵のなかでふんばってきた者につくものだと、私もそうは思うのですが、このせまい土俵のなかを走りまわって、相手をかわし続けてきたというのも、これはこれでひとつの「生きる力」ではないかと思うのです。もうだめだ、おしまいだ、死ぬしかないなんていう、狂言芝居ばかりの役者人生でしたが、五十年たっても破滅が訪れずにいるのです、不思議ですなあ。運がいい、めぐまれている、能力がある、なーんてはずはなく、世間様から見れば、だめ、無能、愚者、亜人間であります。

逃げ相撲に勝利はありません。今日か明日には、ぽーんと土俵の外に突き出され、決定的な敗北をむかえるかもしれません。油断はできません。常に一生懸命。不可能と思われることを五十年もやっているひょうろく玉。ヒーヒー言いながらも、ひょいひょいとかわし続ける。なにがしたいのか、どこを目指しているのか。ひょっとしたら〝なんかの天才〟なのかもと、チラッと思ったあと、それはちがうと否定をし、思い上がるなと自らの気持ちを引き締める。ただ眼の前の現実から、逃げまくり、走りまくることに集中する。継続は力なのか？　勝ちもせず負けもせず、いまこうしている間も、逃げまわっているのです。逃げる、かわす、隠れる。人生は鬼ごっこ。捕まるまで逃げまわるのみですぞ。

現実からの逃走

人間が生きていくのには、食べ物と住む場所のふたつが必要です。そういう意味では、実家の子ども部屋に陣取るひきこもりライフというのは、この点をしっかりと押さえた現実的な生存戦略と言えます。大きな声では言いたくありませんが、私もあなたも実は、カネで生きる権利を買うことを拒絶する奴隷解放運動の先頭に立つ革命家なのです。ガンディーやマルコムXの後継者。不服従、非協力を貫く、闘う怠け者なのです。

だからこそ実家暮らしはアイツらに叩かれるのです。パラサイトシングル、子ども部屋おじさんなどと言われ、ダサみっともない、恥ずかしい連中とされているのです。こんなバッシングを真に受けて、実家暮らしをしている自分を否定するようになってはいけません。家の目的は、雨風を防ぐことだけで、それ以外なにもありません。身銭をきって家賃を払う一人暮らしだと幸せで、実家暮らしだと不幸なんてことはありません。なのになぜか、いつまでも実家にいるなと煽られるのです。

実家を出たら「自立した」なんていうのは嘘でして、毎月発生する、返済しないことがゆるされない負債を手に入れただけなのです。カネの奴隷。家賃や生活費という名の生存権を得るため、カネを稼いで賃金労働をするしか方法がなくなります。自由な時間を会社に売って、その対価としてカネを得て、それをそっくりそのまま大家に手渡すのです。あなたは稼いだカネが通過するトンネルになったのです。毎月の引き落としに必要な残高をつくるために生きている。自立して食っていこうなんていう意気込みを持つと、あっさりその構造に組み込まれてしまいます。

そのことに多くの人が気づきはじめているようで、無理してまで一人暮らしをする人は少なくなってきております。維持費とは生きていることにかかる、高すぎる税金のようなものなのです。いまどきマイホーム、マイカーと言って、人を借金漬けにはできません。クレジットカードを持たせたとしても、みんないつも一括払い、分割払いなんてしません、リボ払いなんてするのは、計画破産をたくらんでいる人くらいでしょう。賢く負債を背負わないようにする、カネの奴隷にならない人が増えている。そんな世の中で、どうやって低賃金、保障なしの労働者を確保するのか。

「ご主人様が考えた非正規労働者への道、民衆を納得させるスローガンに採用されたのが「大学くらい出ておいたほうがいい」というものです。高等教育を受けさせろ、教育はいいものだという刷り込みです。そんないいものを無料で与えず、ご主人様ときたら、高額な大学の授業料を設定し、それを払うための学生ローン（奨学金）まで用意して、民衆をうまく言いくるめ、からめとっているのです。

無辜《むこ》の民はなんだかわからないままに「いまどき大学くらい出ないと就職できないぞ（大学に行けばなんとかなる）」という、よく考えたらなんら根拠もない信仰を持ってしまい、疑うことすらしません。子どもだけではなく、親までもがそうなのです。中卒じゃ仕事がないぞ、高卒程度じゃいい仕事には就けない、せめて大学くらいということに、誰もなんの疑問も持ちません。中卒、高卒に仕事がないことが問題なのに、そのことを解決するより、進学して自分だけは学歴を得て助かろうと、みなが進学をするのです。

大学に入るまでにも、塾や習いごとにバンバンお金を使います。貯蓄を減らすのは、負債を負わせるための大事な下ごしらえです。

「せめて大学くらいは」という言葉を信じて合格できた暁には、いよいよ本格的な強奪がはじまります。入学金やら授業料やら、どーんとお金を払わないといけません（私は大学の授業料は無料にするべきだと思っていますが、ここではその話はおいておきます）。これを親が払えるのならいいですが、ここで奨学金という学生ローンを使わないといけないとなったら、十代という若さで何百万という借金を背負うことになります。

大学に行けば選択肢が増える。就職にするにしても、好きな仕事、やりたい仕事を選ぶことができる。これもまたよく言われる文言ではありますが、いかがなものでしょうか。

仕事は無限にあるわけではありませんし、特に大卒程度の知識が必要とされる、社会的に地位の高い、報酬のいい仕事なんていうのは絶対数が少ないのです。大卒のなかの、ごく一部がそのような仕事に就けるだけ、そして、その一部の仕事をめぐって奪い合いがおきる、それが就活です。そして構造上どうやっても、ほとんどの人が負けるのが就活なのです。

このことはまた別の事実を私たちに教えてくれます。つまり世の中には、大卒程度の知識を必要としない、魅力に欠けた、やりがいのない、社会的地位の低い、低賃金で非正規の、ウーバーイーツの配達員のような、そんな仕事がいっぱいあるということです。

もうおわかりですよね。

ご主人様の狙いとは、ひたむきにがんばって大学を卒業した人に、中卒や高卒の仕事、いやもっとはっきり言おう、大学を出た人に「元気な小学生でもできるような仕事をさせる」ことなのです。そんな構造をつくりあげ、多くの若者が自ら進んでそのような仕事を選ぶように誘導し、実際にそれが機能しているのです。

子どもの頃から、何年もかけ、贅沢したわけでもなく、浪費したわけでもない、真面目に堅実に生きていた人が、返すのが困難なほどの借金を背負わされて、返済のために一時的に自由に生きることを諦めざるをえない。大学で勉強した知識をいかした仕事をしたくても、入学と同時に借金ですから、とりあえずは借金を返そう、そのあとで自分の好きなことをやろう、と自分に言い聞かせるしかないのです。

大学に進学したことによって、選択肢はなくなっているのです。なんでもいいから働くという、たったひとつの選択肢を選ばざるをえなくなってしまっているのです。

薄々お気づきの方もいらっしゃると思いますが、私自身は大学には合格できず、つまりは学費とも、奨学金とも無縁の人生を送ってきました。そんな私が大学進学や奨学金について語るのは、当事者性のかけらもないみっともないことで、恥ずかしくないのかと言われれば、恥ずかしいです。でもやはり、このまま吹き上がったいきおいで語らせていただきたい、「せっかくだから」です。

借金をさせて、カネの奴隷にする。そういう仕組みからは逃げるしかありません。どこに逃げるか、そんなのはどこでもいいのです。我々が逃げたところが逃げ道なのです、どこにたどりつくかわからない、行き先不明だから、追手から逃れる道になるのです。

どこに逃げたらいいのかと聞き、どうやって逃げようか、あれこれ吟味しているうちは、逃げることなんてできません。勇気を超えた、やぶれかぶれこそが逃げることの本質なのです。背負っている責任や義務をほっぽりだして、ぽーんと跳んで、くるくる回転して、どこだかわからないところにぴたっと着地をする。

これでいいのです。これくらい無責任だから生きていけるのです、考えないから生きていけるのです。自分の将来を想像しても、暗くなるだけです。

そんないい加減なことじゃだめだというやつらこそ、だめなのです。ご主人様と仲間たちのつくった常識に従って、アイツらの言う責任ある生き方、アイツらが果たせという義務、自分が逃げたら、自分より弱い立場の誰かが困ることになるなんて言うやつらこそ、弱い立場の人を困らせている張本人なのです。そんなのを真に受けたら死ぬまで鎖につながれたままですぞ。ほんとうにやりたい夢をかなえるために、いまはとりあえずなんて言っていると、ウーバーイーツの配達員として生き、そしてウーバーイーツの配達員として死んでいくことになってしまいます。

生きづらいなんて愚痴っている場合ではありません。座布団を枕に、いますぐ部屋に寝そべって天井を眺め空想したまえ、ウーバーイーツのような賃金値下げ競争ピンハネアプリを使ったギグワークなんてやめたまえ、それで困る人のことを心配するのは経営者の役割で、我々ではない。背負っているその四角いバッグを捨てたまえ、奨学金を返すのをやめたまえ、家賃を払うのをやめたまえ。滞納せよ。自由な時間は、なんの努力もなしにすぐに手に入る。

これを民衆全員でいっせいにやります。ご主人様は破産します。ご主人様を税金で救済するなんてことはやりません、全員逮捕します。お金を貸して、借金を負わせてはならぬと叱りつけます。お金はあげなさい、徳を積みなさい、と諭します。そうして世界に、自由と、平和が訪れるのですよ。

いつだって第一希望

生きづらいのは、第二希望の人生を生きているからです。第一希望を持ち続けているならば、生きづらさなんかありません、ただ貧乏でパッとしない生活があるだけです。

小説家になろうとした、とある男性は、現在ひきこもりの「ブログのおじさん」なっています。基本的にアウトプットは自分のブログとツイッター（現X）だけ。それなのに文豪を気取って満寿屋の原稿用紙を愛用しているようです。芥川や太宰ならどう書くかな、などと空想しながら、いつも同じような身の上話を書き続けています。これが第一希望を貫いている人間の姿です。

生きづらさなんていうのは、身のほどをわきまえて、諦めたふりをして、会社勤めをする（しようとする）立派な人だけが持てるものなのです。そして心の片隅に、もし、あのときにあっちを選んでいたらとか、ほんとうにしたいことはこんなことじゃないとか、そんな気持ちをぬぐいされず、もんもんとしてつらくなったりするのです。

第一希望とは愛なのです。涙枯れようとも、心にすきま風が吹き込もうとも、第一希望を貫くしかないのです。ボロボロになり、それをまたくぐり抜けて、次はもっとボロボロになる、でもそれでいいのです。

第二希望とは愛を捨てることなのですからな。不幸にしかならんのですよ。たいてい三十歳で不幸の極みに達し、苦しみで顔はひん曲がり、廃人のような顔でカウンセリングを受け、薬を飲むはめになります。第二希望なんてものは捨てるしかないのです。希望は第一だけでいい、現実なんてどうでもいいじゃないか。現実的に物事を考えたら、私もあなたも派遣労働者としてアマゾンの倉庫で働くしかないのです。

Jリーガーを目指していた人が、やがて近所の「サッカーのおじさん」になる。公園にいつもいる、頼まれてもいないのに、やたらと教えてくる、あのおじさんになる。あれが第一希望を貫き、夢をかなえた真のサッカーの王様の姿なのです。希望に二番なんて存在しない。うぃー、いちばーん。

レベル2の生活——ひきこもり村の勇者

棍棒というたったひとつの武器を持ち、最弱の敵キャラであるスライム相手に死闘を繰り広げるレベル1の勇者は、いつだって命がけの緊迫感ある闘いを強いられます。が、剣を持ちスライムをやっつけられるレベル2以上の勇者になったのならば、もう無理はしたくない、せいぜいレベル3程度にとどめておいて、あとは一生ゲームクリアなんか目指さずに寝ていたい。

敵のモンスターとは、あれは家賃の化身なんだと思っております。勇者は賃金労働者です。冒険を進めていくとどんどん敵が強くなるのは、いい暮らしがしたいと生活レベルを上げることにともなう物価高、インフレ現象の反映であって、好ましいことではありません。勇者はストーリーを進めることをやめて、一歩も動かないと決意すること、それがロールプレイングゲームの真のエンディングだと聞いております。

ゲームの世界の話を、現実の生活に当てはめて考えるなら、レベル1の状況というのは、いわゆるホームレス、野宿生活者ではないかと思うのです。いざとなったらやるしかありませんが、なかなかタフな生活で。私のようなウォシュレット育ちのもやし人間にはやれる自信がありません。

かといって、勇者のレベルを上げる、つまり賃金労働者となって、給与を上げる、自分のポテンシャルを上げて生活しようなんて、そんな当たり前のことも思いません。

私はあくまでも、冒険しない、村から出ない、レベル2の勇者のままじっとしていたいのです。勇ましいのはオープニングだけでいい。謎は謎のまま、物語は進まんでよろしいのです。ただ棍棒よりは強い、レベル2の勇者でも持てる武器だけが欲しい。そんな武器としての家、ブルーシートやダンボールの家を超える、そのワンランク上のレベル2の無料の家としての、小屋があればいいなと思っていました。

そしてなんと、私はすでに小屋を持っているのです。仲間の力を借り、すでに小屋を建てているのです。どうして、どうやって建てたか、を語るとそれだけで長編になってしまうので省略して話しますが、つまりは縁があって（！）、和歌山県の「共育学舎《きょういくがくしゃ》」というところを知りました。そこは廃校になった木造の小学校に、無料で滞在させてもらえるというところで、無料大好きの私はそこに吸い寄せられるように行き、主宰者である三枝孝之《さいぐさ》さんと出会います。三枝さんは川の近くにスラムと呼ばれている空き地を持っていて、そこに「小屋を建ててもいいよ」と言うのです。しかもその時、共育学舎には大工さんが滞在していました。ヘンリー・デイヴィッド・ソローの『森の生活』に憧れつつ、実際は何十年と日当たりの悪い「団地の生活」をしていた私の目の前に、小屋を建てて暮らせる条件がいきなり出現したのです。

この空き地にレベル2の住居としての小屋をいくつも建てたらどうだろうという、ニュータウンとしての、ひきこもり村構想を思いついたのです。お金も頼る人もなくて路頭に迷うことになるんじゃないかという将来へのぼんやりとした不安は消え、やけにはっきりとした形のある貧しい小屋の生活へと変化します。我々は路頭に迷うのではない、スラムに行き、スラムに住むのです。約束の地は河原のひきこもり村だったというわけです。

実態がはっきりしないと不安はどんどん大きくなりますが、実態のある小さな小屋は、いつまでも小さいまま。たられればのぼんやりした不安はなく、どうやってこの河原の小屋で快適に過ごすかという、実存の話になります。

小屋の周りの環境を整える、それだけなのですが、この環境を整えるっていうのが、ある種のミニ都市計画であり、インフラ整備です。実はインフラこそが世を牛耳る力なのです。インフラからの解脱《げだつ》というのは、なかなかひ弱人間にはできません。

スラムには、水道、電気、ガス、なにひとつありません。それらを引こうと思うと、それだけでお金がかかるうえ、憎むべき維持費がかかります。申請手続きが必要、税金まで取られる。冗談じゃない。インフラの支配下には置かれたくない。

野宿生活者がなぜ公園に住むのか、その理由が小屋を建ててはっきりわかりました。公園とは無料の生活インフラなのです。先輩たちはインフラを乗っ取るゲリラ活動として、公園を選んで住んでいたのです。

インフラをどうするか、インフラを整備するくらいならはじめから空き家を借りたほうが安上がりじゃないのか、などと空想を続けて、そしてなにひとつよいアイディアが思い浮かばぬまま、毎年二回くらい和歌山に行っては、スラムの雑草を刈るという、おぼろげな合宿のようなものをしておりました。

草刈り合宿は楽しくて、これは現実逃避が生み出した豊かさではないかと思っております。合宿こそ、人にとってもっとも大事なものなんじゃないのか。いままさに社会から消えようとしている重要なイベントのひとつだと思います。

友達は、日帰りではできないのです。終電とともに友情はどこかに消えてしまうのです。大人になるとなかなか友達ができないのは、宴もたけなわで、ではそろそろと、〆のラーメンを食べて、そそくさと家に帰ってしまうからです。〆のラーメンに友情なんかない。電車もバスもなくなって、どうしようかと路頭に迷う人間同士に友情は宿るのです。

そんな個人的友情論はさておき、ひきこもり村構想実現にはなにかが足りない、どうしたらいいかと考えている、フリをするだけでなんのアイディアも出ないまま、レベル2の勇者は、五十年来住み続ける、日当たりの悪い団地の六畳間で、天井を眺めじっとしていたのです。

そうこうしているうちに、コロナの流行がおこります。マスクだ、ワクチンだ、となっていく。そんなときに都市から過疎の村に行くというのはなかなかできないですから、なんと三年間も和歌山に行けない状態となっていました。

で、つい最近、一日だけですが和歌山に寄り、廃墟になっていると噂の小屋を見に行くことができました。そこはもう空き地でも、河原でもない。立派な大草原となっていました。小屋は高床式（床下七〇センチ）なので、雑草に埋もれてしまうということはなく、草原のなかにひょっこりと浮かんでいました。趣《おもむき》がある、佇《たたず》まいがいい、この小屋を草原の城「浮遊荘《ふゆうそう》」と呼ぶことにしよう。

外壁の木材こそ廃墟特有の灰色になっていましたが、中に入ってみると、汚れてはいるものの、壁や床が腐っているということもなく、窓も壊れていません。勇者のいない小屋は押し寄せる台風を何度もしりぞけ、無事だったのですな。よかった。在来工法は最強です。さて、これからどうしよう、ひきこもり村は、インフラは、水は、トイレはどうするか。

アイディアはなく、なにをしていいかわからない、そういうときは草刈りをすると決めております。私が草刈り機を使い、小屋の周りの雑草をぶぃーんぶぃーんと刈っている姿を見たのならば、あいつはなにをしていいかわからずにいるんだなと、そう思って、生暖かい目でやさしく見守ってやってくださいね。

駄々っ子人生

ひきこもり当事者からひきこもりを取ったらなにが残るのか？

ひきこもり当事者という肩書きは、社会的地位のない、素足に近い、低すぎるゲタのようなものです。それがなくなったところでなんだというのでしょう。大手企業で立派な役職についていた人が、定年退職して、ただのジジイになるのとはわけがちがいます。

彼らは大手企業の社員という巨大なゲタの上に乗っている一寸法師ですから、失うものは大きく、肩書きがなくなったらスカスカになってしまうでしょう。

でも、ひきこもり当事者は同じ一寸法師でも、乗っているゲタが比較するのもおこがましいほど小さく、低いのです。

ひきこもり当事者からひきこもりを取ってもほとんど全部残る、が正解です。

そもそも、ひきこもり当事者を名乗っている時点で、なにも持たざる者だと宣言しているに等しいのです。職業はと聞かれて、「自分自身です」と答えるのとさして変わりはない。ひきこもりに取るも取らぬもあったもんじゃないのですよ。

ひきこもりバカ

バカでなければ、ひきこもりはつとまりません。ここでいうバカとは、野球バカとか、釣りバカとかの、後先のことなぞ考えずに物事に熱中して打ち込む、あの愛すべきバカのことです。小学生でもないのに、一日中ゲームをしたり、ユーチューブやツイッター（現X）を見て一日が終わってしまうなんていうことは、バカでなければできるものではありません。

ひきこもりバカは筋金入りで、将来どうするんだなんていう脅しは一切通用しません。嬉々としてパソコンでブログを書いたり、図書館で読書をしたり、平日の市民プールを満喫したりと、人生に対する緊迫感はゼロ、常にノーダメージです。

ただ、ひきこもりバカが弱まるときというのがあります。ふらふらと求人サイトで仕事を探すフリをしてみたり、通信制の大学に入学して学生のフリをしてみたり、世間様への言い訳のために、中途半端な一般市民への擬態を試みるのです。

こうなるともうひきこもりバカではありません、〝バカひきこもり〟です。バカ息子のほうの、あっちのバカです。

私はあなたに真のひきこもりバカになれなんて言うつもりはありません。もうすでにバカなんだと気づいてほしいのです。バカでなければ、ひきこもりなんて最初からやりません、茨の道ですからな。賢い人は、ひきこもりになんてならんのです。

ひきこもりになった時点で、養殖ではない〝天然〟のバカです。自信を持ってひきこもってくださいね。

ひきこもりTODOリスト

気づいたら夕方になっていた。

そんな毎日を送っている、なにもやらない人ほど、向上心だけは強いものです。TODOリスト（やること一覧表）なんてものをこしらえて、そこにやりたいことをみっちりと書き込む。なのに結局はなにもしないのです、私もあなたも。

やることとリストには、常に運動（筋トレおよびダイエット）が上位に入っていますが、それは向上心のなせるわざ、ひきこもりという谷底から、天高く舞い上がろうという向上心のあらわれなのです。でもその実態は、すでにお気づきのとおり、あれはやることリストを装った、やらないことリストなのです。

私のＴＯＤＯリストにも（恥ずかしながら）やりもしないことがぎっちり書き込まれております。メールを出す、電話をする、洗濯する、衣替えをする、部屋の掃除をする、運動をする、ブログを書くなどです。怠惰な私だからこれくらいですんでいるとも言えます。もっと向上心の強いひきこもり当事者であればこれに加えて定番の、働く（就活をする）、勉強する、資格を取る、英会話をはじめる、プログラミングをマスターするなど、ひきこもり特有の自己啓発ＴＯＤＯリストが、万里の長城のごとく築かれていることでしょう。そうなっては人生は破綻したも同然です。

向上心は偽りであると理解してください。やりたいことがそんなにあるっていうことは、いままでなにひとつやってこなかったってことでしょ。そして「これからやろうかな」って、それだけのことで、ちょっとした思いつきを紙に書いてみただけなんでしょ。

そもそも、やることが複数あったら、実現は難しいと言わざるをえない。だって体はひとつ、できることもひとつだからです。もし本気のＴＯＤＯリストであるならば、やりたいことは「ひとつ」でなければなりません。

なのに、私もあなたも、みっともないくらいＴＯＤＯリストに書き込んじゃって、なんででしょうね。治らないのですかな、この病気は。運動、筋トレ、ダイエット、これらはいつもやることリストの上位に入っているのに絶対やらないのはなぜか？　それは、やらなくても死なないからです。何十年も、私のＴＯＤＯリストの頂点に「筋トレ」が君臨していますが、やりゃあしないです。ほかにも、部屋の掃除とか。英会話の勉強とかも、はじめたところでいつのまにかフェイドアウトしています。

やらないと死に至るか、生活に支障をきたすようなこと、ＴＯＤＯリストにはそういうことだけを書いたほうがいい。例えば原付バイクの軽自動車税を払うとか、そういう避けられないことだけを書く。でもそんな重大なことは、いちいち書かなくてもやるってもんです。

やらないリストを、真のやることリストにするにはどうしたらいいのか。最近開発したのが、一日を一番やりたくないことからはじめる、叱咤激励ＴＯＤＯリストの作成です。やだな、面倒くさい、だるい、眠い、気が乗らない、それをやれと命じる、そんなムチのようなリストをつくるのです。

朝イチで、己がやりたくないことと向かい合うことになります。そのとき、いかに自分の向上心が偽りであったかということを噛みしめることになります。向上する気なんかないのです。やりたいのは先延ばしだけ。だから、私もあなたも、やるべきことから目をそむけ、部屋のなかでじっと畳を眺めながら、いつまでも動かないのです。

ＴＯＤＯリストとは、怠け者の現実逃避が生み出したポエムなのです。

あんなこといいな、やれたらいいな、あんな勉強、こんな仕事、いっぱいあるけど♪　みん

なみんなみんなかなえてくれる、ＴＯＤＯリストがかなえてくれる♪
藤子・Ｆ・不二雄的な、少しふざけたＳＦ文学、それがＴＯＤＯリストの正体だったのです。そのことに気づきました。

でも、フィクションであるからこそ、現実感は大事にしたい。最初から、これはどうせやらないだろう、絶対できないだろう、というようなことばかり書いていたら、読者（自分）がついてきません。

ならばどうするか、自分を騙せるような虚言リストをつくらないといかんのです。もしかしたらできる、この世に奇跡はある、そう思わせるリアリティをＴＯＤＯリストにこめるのです。そこで怠け神である私が提案するのが、やることをひとつにするだけではなく、さらに推し進めて、やることを一工程に絞り込むというやり方です。例えばある日の私のＴＯＤＯリストはこんな感じです。

「封筒に切手を貼る」

これが一日でやることのすべてです。ＴＯＤＯリストの肝は、欲張らずに一工程にとどめることでしょう。まだ切手も貼っていない段階で、「郵便を出す」なんていう壮大なテーマを書いてはだめです。細かく一工程ずつに分けていく。封筒を手に入れる、手紙を書く、切手を貼る、ポストに投函する、といった具合に分けていき、一日一工程を目標とするのです。ＴＯＤＯリストを、このように一工程に絞ると、いままでできなかったことが、嘘のようにできるようになります。なにもしない毎日が終わり、一日一個、願いがかなうようになる。

薄っぺらい自己啓発本に感化され、書いたはいいが、消化する気配のない、一生そのままなんじゃないかというようなＴＯＤＯリストを前に呆然としている人がいたら、ぜひこの方法を試してみてください。三日くらいは効果がありますぞ！

コツコツ努力をする習慣

とうとうコツコツ努力をするという習慣が身につきませんでした。いや、まだ五十代、残り三十年ある（たぶん）、いまからでもコツコツやる人間になろう、今日から生まれ変わろうと、心のなかで薄っぺらい自己啓発をして、熱風を噴き上げてはいるのですが、やはりそれだけであって、今日も今日とてなにかするということはないのです。

コツコツやらないのなら、どうやっているのかというと、ときたまやってくる、マッチ棒の火のような「やる気」が湧いたときだけ、ちょこちょことやっております。

気が向いたときに、さっと手をつけて、ぐいぐいと進める、でもはじめた瞬間《とき》が最大風速でして、その後は一気にだだ下がり、やる気マッチの炎はみるみるうちに小さくなっていき、たいていのことは途中で終わります。最後までやりきるということが極端に少ないのです。

この習慣というか、習性のルーツは（著書やブログで何度も語っていることですが）小中学校時代にあります。やればできる子だった、あのわずかな期間に土台があるのです。あの頃は、やらなくてもできる子でした（ただし学校のテスト勉強に限る）。気が向いたときにちょろちょろっとがんばれば、それでなんとかなったのです。

でもその後は高校入学とともに、私の成績はビリギャルならぬ、ビリ太郎という有り様になりました。このときこそ、己を知り、悪い習慣を改めるチャンスだったのです。自分でも薄々気づいていたのです、さては、やってもできない子だなと、できるようになるにはコツコツ努力するしかないと。でも、過去のセコい栄光が仇となり、やらない才能が、なにもしない能力が不治の病となって、コツコツ勉強なんて「セコめんどうくせえ」と、バカにしてやらなかったのです。

勉強ができないんじゃない、やらないだけなんだ、そんな偽理論武装までしていました。ひとたびやる気になれば、民衆を後方から一気にごぼう抜きにできるという妄想をたくましくして、心にバリアを張ったのです。「いつか本気を出す詐欺師」の出来上がりです。

みんながコツコツ努力している間に、私はなにをしていたのでしょう。それは、空想です。一年三六五日、部屋に寝そべり天井を眺めて空想をしておりました。

努力には成果がつきものですが、空想には、成果とか、したことによって生産される物というのが、ひとつとして存在しません。壮大な心の宇宙があるだけ。六畳間に無限のブラックホール。空想こそが真のアートであると信じてはおりますが、なんの形もない、評価ゼロの芸術であります。コツコツ努力をする習慣が身につかないと、結局は作品のないアーティストになってしまうのですよ。

私はもうすでになっているし、これからもずっとそうであろうと観念していますから、なるべく、すぐ結果が出るもの、すぐに形になるものだけをやることにしています。ブログやツイッターのような、書けばすぐ発表となる形のものしかやらんのです。やることなすこと、食べ切り豆粒サイズを心がけております。

有象無象の力

趣味でベランダ園芸をしております。日当たりの悪い団地めがけて、害虫や病気が押し寄せてきて、精魂込めて育てた野菜は次々だめになってしまいますが、それでもやっぱり、何度も枯らしても、園芸というのは愉快でたまりません。

ただし育てるにあたって、種や苗を買うのはいいとしても、園芸用の土を買うという行為が、なんともバカバカしいというか、むなしいという気持ちにさせます。

だって土なんて、俺たちの地球にいくらでもあるじゃないか、なのにホームセンターに行って、お金を出して土を買わなきゃいけないのです、いかがなものでしょうか。

ベランダにある植木鉢が、自然の循環の外にあるからそういうことになるのです。実はこれは植木鉢だけではありません。そんなベランダつきの団地に住んでいる私も、自然の循環の外にいるのです。コンクリートの上にいる限り、人間は自然をお金で買うしかない、持続不可能な経済の奴隷なのです。

一日に一回、裸足で土や草の上に立てば幸せになれる、まちがいない。逆に、一日一回も裸足で土や草の上に立てない人は不幸になる、苦しみで顔がひん曲がる、まちがいない。

裸足で歩きまわれる土のないところで生きていくことなどできやしない。そういう結論に、ちょっと前、数分前に、にわかに達しました。

植物を育てる土が、神様だったのです。そして、神の正体というのは、枯れ葉だったり、生ゴミだったり、我々生き物のウンコだったりが、混ぜ合わさり、虫やら菌やらがわらわらと集まって、分解したり、発酵させたりの、てんやわんやのすえに、土にするという、壮大な有象無象による力の結晶のことだったのです。

有象無象の力を発揮することが、地球環境を循環・持続させる唯一の方法なのです。なにがＳＤＧｓだ。金儲けにしか興味がないやつらが集まって、経済・社会・環境のための十七の目標とは片腹痛い、そんなことを言うヒマがあるなら、いますぐ大自然のなかにいって野グソをしてこい！　そうすればＳＤＧｓなんてすぐに達成する。ひきこもり界の牛糞として、ＳＤＧｓ

なんて認めないぞ。

ひきこもり安楽死論——にわかに語る

六畳間でひとりプチ憤怒しております。安楽死を自死かなんかと勘違いをして、死ぬ権利なんてものを主張する人たちに対してであります。

そうじゃない。死ぬ権利と生きる権利は同じもの、つまりは生存権。生存は義務ではないから、死ぬ権利なんてものを主張する必要はないし、新しく法律をつくる必要なんてまったくない。と、意気揚々と語ってはみましたが、専門性も当事者性もない、単なるひきこもりおじさんから安楽死論を聞かされるというのは、たまったもんじゃないですな。どうせ、どっかの本を読んで知ったかぶりしているだけなんだろう、と言われると、実際そのとおりなのでただただ恥じ入るばかりです。でも私はこの安楽死という考えが、ひきこもりにも関係してくるように思えてならんのです。

「ひきこもりゼロを目指す」。これは、下村博文《はくぶん》元文部科学大臣が、ユーチューブの自分のチャンネルで鼻息荒く語っていたことです。ひきこもり問題を解決したいという博文先生の考えの底にあるのは、ひきこもりは「いないほうがいい」ということなのでしょう。このような考えは博文先生だけでなく、国や支援事業者、親の会、そしてご本人様もちょっとはあるんじゃないでしょうか。できることなら、ひきこもりを脱出したいという煩悩、それはいまの自分の否定であり、いまの状態でなくなった自分の肯定です。

ゼロを目指すためになにをするのか。

【訓練】職業訓練などをほどこして、脱ひきこもりさせる。訓練を受けるまでの待合ロビーとしての居場所も併用する。

【治療】薬とカウンセリングで病気を治療し、脱ひきこもりさせる。

このふたつがひきこもりゼロへの柱ですが、これだけではゼロになりませんよね。新規のひきこもりが誕生し、続々と参入してくるからです。だからどうしてもこれが必要になります。

【予防】ひきこもり対策をして、新たなひきこもりの発生を防ぐ。生産拠点を潰す。

ところがどっこい、ここまでしても、ひきこもりはゼロにはならんのです。そうです、私やあなたのような猛者が、訓練も治療も予防も、ぴしゃっとはねかえして生きているからです。

私たち、ひきこもりオオサンショウウオが六畳間の棲家に居続けるかぎり、博文先生のゼロ政策は実現しないのです。

で、ここで私は、難病の女性に薬物を投与して殺害した「ＡＬＳ患者の嘱託殺人事件」とひきこもりとを結びつけて、暗黒世界を空想してしまうのです。ひきこもりゼロを強行成立させるやり方です。

【尊厳死】安楽死させる。予防の効果もなくひきこもりになってしまい、職業訓練させても、精神の治療を試みても効果はない。自立する見込みはなく、本人も生きづらい、働きたいけど働けないなどと、苦しみ、死にたがっている。そんなひきこもりに致死薬を投与して殺害する。

こんなことはありえない、はずですが、ＡＬＳ患者に対しては、すでにあったことなのです。病気だとあったことなのです。ゼロがいい、ないほうがいい、という考えはひきこもりだけでなく、病気、障害、不登校、非行など、世の中に当たり前のようにありますよね。

ゼロの思想というのは、実際にいる人を否定し、抹殺することでしか実現できません。私は安楽死（尊厳死）を議論の土俵に上げること自体が、ゼロの思想の実践だと考えております。

私は安楽死の議論に対し、「誰も殺すな」「殺す権利なんてない」などと六畳間でひとり訴えてまいりましたが、それだけではなまぬるい気がしてきました。ゼロにするという考えそのものを、聖なるゲバ棒で叩き潰さなきゃいかん、と思うようになったのです。

聖者の力を借りて、まずはブッダが水平チョップ、ふらついたところをイエスがラリアット、最後にガンディーがパワーボムを決めてフィニッシュです。

これが真の非暴力だぞ、と教え込んでやるのです。人間の尊厳のため、聖なる者たちの技が炸裂する、これでよし、空想はこれくらいにいたしまして、この話をおしまいとさせていただきます。ありがとうございました。

合理的排除――おしゃべり不死鳥

なんでもみんなで話し合って決めるというと、一見誰も排除しない民主的なシステムのように思えますが、現実にそういう場に身を置いてみると、そこには中心となる人物がおり、その周辺を主流となる人たちがぐるりと囲んでいます。

もうこれを見ただけで、このあとの話し合いで決まる内容がわかるというものですな。

所詮、自分がこの主流の中心にいないのであれば、話し合いの間中、あれこれ説得されたり、かみくだいて説明されたりと、ようは理解するまで、自分の意見をひっこめて中心に賛同するまで話し合いが続くだけなのです。

三度のメシよりミーティングなんて言っとる人たちがいますが、そりゃあ中心にいる主流派にとって、ミーティングがメシよりうまいのは当然です。話し合いとは、中心の意見を通すための儀式なのですから。

決める方法が定かでない、とことん話し合って決めようミーティング会議のことを、私は心のなかで〝合理的排除〟と呼んでおります。

非営利組織の代表という名の独裁者ほど話し合いを好むものです。自分で命令して、みんながいやいや従うのではなくて、みんなに話し合わせ、その結果が独裁者の意に沿うものになるという形にこだわります。合議制ならみんなが決めたことだから、なにか問題が起きても、代表は個人的に責任を取らずにすみます。それでいて、代表はみんなの意見を聞く民主的な人と思われる、それが気持ちいい。独裁者ほど、独裁者と思われたくない人間はいないのです。

ミーティングアピールをする人というのは、話し合いで勝つ自信があるから、話し合うのです。話し合いで決めるとなると、反主流派は自らの意見を引っ込めるか、辞めて立ち去るしかありません。そんな合理的排除の結果として、サークル内の全会一致は実現し、話し合いはまとまるのです。

主流派が勝つのなら、多数決と変わらない気もします。ただ多数決で決めないというのは選挙がないのといっしょで、主流派与党に有利なシステムと言えます。話し合いは合法的でありながら、ある種不正まがいの、政権交代を阻止する不思議なシステムなのです。

話し合いは、ヒマで健康な人に有利なシステムだ、ということも重要な要素です。働いていて、明日仕事がある人間より、ヒマで明日の用事がなんもない人のほうが、文字どおり「とことん話し合う」ことができるのです。ヒマパワーは侮れません。とことん話し合いでは、ゴネまくることで相手の時間と体力を奪うことも可能です。ヒマパワーは民衆の支持がなくても、ゴネる力での主導権争いが可能なのです。

ヒマ人間を中心としたヒマ政権は、多数決がおこなわれない限り、負ける心配はなく永遠に安泰だ……なんてわけにはいきません。

なぜなら、そのヒマシステムが自分にもブーメランのように返ってくるからです。自分以上にヒマで健康で、それに加えてほかにどこにも行くあてのない孤独な人が、ライバルとして出現するのです。

ヒマ、健康、孤独。この三拍子が揃った対立候補は一歩たりともひきません。いまいる場を失ったらどこにも行くところがない人ですから死にものぐるいです。とことんの話し合いに、ライバルも喜々として応じます。むしろ望むところなのです。だから話し合いは終わらない。なにも決まらない。そんな状態がずーっと続き、組織は機能不全に陥ります。

そしてついにヒマ与党政権の指導的立場の人は混乱をおさめるために「自ら立ち去る」という形で下野することになります。結局、話す内容うんぬんなんてどうでもいいというか関係がない、ほかに行く場所がある人が、場から立ち去ることになるのです。

話し合いの最終戦争は孤独の競い合い、そして孤独な人間が勝つのです。こうやって誰もが居場所をひとつ、またひとつと、失っていくのです。

少数野党が与党を倒し、サークル内政権を奪取しますが、長続きはしません。中心が抜けると、その周りにいた中心に同調する主流派もごっそり抜けてしまうからです。場の過疎化がはじまり、いずれは限界集落化します。やがて主流派の残党が巻き返しをはかり、少数改革政権は倒されるのです。

失脚した者は、たいてい新党ひとりぼっちのような個人商店サークルを地方で立ち上げ、そして誰も集まらず、ただ部屋のなかで畳を眺めて残りの人生を過ごす羽目になります。そんなみじめな例をいくつも知っています。

人間の悩みのほとんどがこんな、場の主導権争いである、と勝手に思っております。みんなほかに行くあてがないから、孤立したくないから、場にしがみつきます、だから人間関係でもめると、もめた相手を場から排除しようと対立し、争いになるのです。

居場所とはいずれ追い出されるところと覚悟を決めるべきでしょう。少数のなかの少数になった時点で、もう間もなくだな、と覚悟を決めて、心の準備をしておくべきです。

最後には負けるのです、私もあなたも。

ぬるま湯だった居心地のよい場も自分ひとりのものではありません。湯がぬるすぎると熱いお湯を足す者があらわれたり、逆に熱すぎると言って水でうすめようとする者が必ずあらわれます。そのたびに、話し合いという土俵に相手を引き上げ、日々〝ヘゲモニー相撲〟をとり、相手を投げ飛ばす。しかし居場所横綱もいずれは衰えて、引退するときがきます。

そういうときのために、居場所はたくさんあったほうがいいのだろうけれども、そんな居場所なんて、なかなか見つからない。どこに行こうとも最終的に人間関係でもめる、そして離れる、仲直りなんてない。世界は一つですが、人類はバラバラであります。

しかし、だからなんだというのですか。

場を失いさまよおうとも、我々はまたどこかで、長々と、なんの結論も出ない、不滅のおしゃべりを誰かとはじめるのです。おしゃべり不死鳥。誰も排除されない世界の実現という理想を目指して、あーでもない、こーでもないと、これからもずっと、夢想家たちのおしゃべりは続くのですよ。

清らかなルサンチマン

ルサンチマンのなかに正義はある、と思いたい。人を呪わば穴二つ、なんて言われんでもわかっておりますよ。恨み、増悪、敵意、遺恨。そんな怨念を心に抱え込んでいては、心身ともに健康を害する。嫌なあの野郎をやっつける前に、自分の顔が苦しみでひん曲がってしまいます。

忘れ去ることは、闘うことと同じくらい価値があること、勇気あることとです。べつに特別な悟りを開かなくたって、それくらいはわかっているのですが、ではなぜ私たちは昔のことをいつまでも根に持っているのか、そして、しょうもない連中に「いつまで恨んでいるんだ」なんて言われてしまうのか。

それは怨念のなかには正義が含まれていて、当事者にとっては、私情の怒りと、公の怒りとが切り離せないものだからです。「昔のことじゃないか」と思うのは、そいつらが私情の怒りの面しか見ていないからであって、その奥にある正義の怒りを軽んじているからなのです。

かつては年末になると、忠臣蔵のテレビドラマがよく放送されていました。いったいなにがおもしろいのかわからずにいたのですが、いまならわかります。あれは主君への忠義とか、敵討ちの話ではなくて、江戸時代から現代人への、「パワハラはゆるさない」という正義のメッセージ伝道ドラマだったのです。

パワハラ上司、吉良上野介を、浅野内匠頭が恨んで刃傷におよんだ、そんな小さい話じゃない。浅野内匠頭は、この星からパワハラをなくさなければいかんという使命でもって、正義の刀を抜き、失敗し、切腹、お家取り潰しとなってしまったのです。大石内蔵助ら、赤穂浪士は主君の敵討ちをしたのではありません、「パワハラ。ダメ、ゼッタイ」というルサンチマンにつつまれた正義を未来に伝えるために討ち入りをしたのです、忠臣蔵とはそういう話だと思ってもらいたい。

忘れ去ることに価値があるのと同様に、いつまでも恨んでいることにも、そのなかに正義があるのなら、価値はあるのです。

実際、悪が怖れるのはルサンチマンのなかにある正義なのです。ただの正義派ならなだめすかし、飼いならすことも可能ですが、ルサンチマンに包まれた正義の場合、悪は近づくことすらできません。そんなことをしようとすればその場でガオーと襲われ、嚙み殺されてしまいます。だから悪党たちは、いつまでも恨むな、忘れろ、それがお前のためだともっともらしいことを遠くからつぶやくのです。

一方で、キープ・オン・ルサンチマンを貫き、苦しみで顔がひん曲がったままというのは、なんともキビシイというか、自爆テロのようなものでなかなかたいへんなものです。恨みは人を遠ざけます、どんどん人が離れていく、恨みには理屈はなく、恨みの矛先は真の敵ではなく身近な人に向かいがちです。いかがなものでしょうか。

私怨のなかから正義を抽出し、愛と正義の、清らかなルサンチマンを構築するべきです。さわやかな正義の剣でもって真の敵をまっぷたつにするのです。「いつまで恨んでいるんだ」なんて言われてひるんでいちゃいかん。薄っぺらい言い方をするなら、ルサンチマンのアップデートだ。どうだ。俺たちは手段を選ばない、俺たちの正義は執念深いんだぞ。

この星には正義がない

正義とは、悪と戦うことではありません。正義と正義がぶつかり合うなんてこともありません。そんなのは物語のなかだけの話で、現実の正義とは、どうしても見て見ぬ振りして通り過ぎることができずに、やむにやまれずにする、わずらわしい行動のことなのです。

正義の剣を抜くときには、損得や利害をも含めて、その人の持っているすべてが一度に発動する。いいところも悪いところも、三六〇度全面展開します。

正義とはその人自身のことで、逆に言えば正義をなくすとは、自分をなくすことなのです。

正義は面倒くさいし、ないほうが生活は安泰です。けれども、いつまでもモヤモヤしているだけではっきりせず、苦言を呈する以外、なにもしないことが中立、中道だと思っている、そういう多数というのを、私はまったく信用できません。

むきゅーっと憤慨して、腰に履いた正義の剣を抜く思想の偏った頑固者、そんなのにはなりたくないし、もしかしたらこれは正義ではなく狂気かもしれない、なんて、そんな自問自答を蹴っ飛ばした先に、正義はあるのですよ。

第三章　ポスト8050

それでも人生は続く。

ママン編――寝たきり老婆VSひきこもり

9060問題

高校を中退してから三十年以上ぷらぷらして、定職にも就くことなく、ひきこもり生活を満喫してまいりましたが、ここにきて、８０５０問題という言葉のせいで、五十代になったばかりの若手ひきこもりの扱いを受けるはめになっております。このベテランの私が新入生扱いなのです。二十代、三十代のひきこもりなんて、赤ちゃんですよ。

でも、こういう状況になることはある程度予想していました。ひきこもり問題というのは、月日がたつにつれてうやむやになり、やがて新たなゴールが〝未来〟に設定されるという歴史を繰り返しているからです。

一九九〇年代、まだひきこもりという言葉もなかった頃、一般的な感覚では二十五歳までに正社員になれ、というのがひとつのボーダーラインでした。会社員、公務員などの新卒採用の年齢の上限がだいたいそれくらいだったからです。そして二十五歳を過ぎて正社員になれなかったら、まっとうな人生からの脱落という意味での、おしまいでした。

でも二〇〇〇年頃から、「社会的ひきこもり」という言葉が普及してきて、ひきこもりは若者の問題となってきました。若者というのは十代、二十代のこと。おしまいの締め切りが、三十歳くらいまでに、ちょっと延長されたのです。当時の私もなんとなく三十歳までには自分の人生をなんとかしたいなあ、と思うようになっていましたが、思っているだけで、いとも簡単に三十歳は過ぎ去っていったのです（私だけでなく、すべてのひきこもりが楽々と三十歳を越していったと思ってもらいたい）。

三十歳を過ぎて、私の人生は完全に終わったと思いました。これからは精神障害者として、福祉とともに二人三脚で生きていこうと心に決めて、実際そのように生きていました。そして二〇〇六年のことです、突如「ニート」という言葉が生まれ、若者の定義が三十四歳まで引き上げられました。それに合わせるかのように、ひきこもり地域支援センターなどの対象年齢も三十九歳まで引き上げられました、三十九歳まで青少年なのです。

何度おしまいだと思っても、世の中が私を追いかけ、追い越していくのです。たぶん「やればできる子」ということなんでしょうな。明らかに若者でないおじさんまでも、若者支援の対象として就労支援がすすめられる世の中になったのです。

でも四十歳になって若者支援も卒業。今度こそ社会問題の当事者ではなくなってしまった、ロートルだ、そう思っていたところにあらわれたのがひきこもり高齢化問題、通称８０５０問題です。どういうことでしょう。社会問題としてのひきこもりというのは実質、５０２０問題からはじまり→６０３０問題→７０４０問題→８０５０問題と、〝私〟に合わせてスライドしているのです。この方式を当てはめるなら、次に来るのは「９０６０問題」ということになりますが、さすがにそれは無理というもの。私は六十歳になれるかも知れませんが、親がついてこれません。不老不死というわけにはいかんのです。まあそんなことはともかく、ひきこもりに関して言えば、五十歳までは執行猶予ということになりましたので、悩むのは五十歳になってからでよいのですよ。

いがみ愛

寝たきり要介護5の老婆ママンといがみ合ってしまいました。いまわのきわまで来ている老婆相手にいがみ合える人間もそうそういないでしょう。かわいそうだ、気の毒だと思えば、なかなかクワッと阿修羅フェイスになれるものではありません。

事件の発端はヨドバシカメラです。小学生の甥っ子次男坊とヨドバシカメラに買い物に行こうかと話していたところ、寝たきり老婆ママンが、ｉＰａｄのケースを買ってきてほしいと言い出したのです。

両手が自由に動かない老婆にとって、ｉＰａｄはもはや飾りでしかなかったのですが、老婆のけなげさに同情し、甥っ子と二人、おつかいとして、ｉｐａｄのケースを買いに行くことになりました。

それが悲劇のはじまりです。

ヨドバシカメラの売り場に行くと、ｉＰａｄのケースは三種類くらい売られていましたが、はて、どれにすればいいのやら。頼まれたメモには、縦〇〇センチ、横〇〇センチとざっくりとした大きさが書いてあるだけで、型番とかそういうのは書いていません。こんな雑なｉＰａｄ情報で、はたして正しいケースが買えるだろうか……、悪い予感はしましたが、まあだいたいこれくらいの大きさだろうというものを買って家に帰ったのです。

でも、やはりというか、まあだいたいなどというい加減な気持ちが、取り返しのつかないまちがいだったのです。

いざ家で使ってみようとすると、ケースは小さくてｉＰａｄは収まりません。四〇〇〇円もしたのに無駄になってしまいました。どうしよう、すでに開封済みなうえ、箱は甥っ子によってビリビリにやぶられています。店に返品して別のに交換なんて無理そうです、ヤフオクかメルカリで売るしかないかな、そんなことを考えながら、気持ちを切り替え、甥っ子と黒ひげ危機一発をして遊んでおりました。

するとと、なにやらうめき声のようなものが、ベッドから聞こえてくるのです。

「謝れ！」

「ヨドバシで取り替えてこい！」

寝たきり老婆ママンがベッドの上から憎々しげに、我々を叱咤しているのです。あれ、おかしいな、幻聴かなとニヤニヤ笑いでやりすごし、私は甥っ子と黒ひげ危機一発を続けました。するとと、

「ゲームをするな！」

「いますぐヨドバシに行け！」

と、今度ははっきりとした、病みしゃがれた罵声が聞こえてくるのです。ふだん老婆は病気のせいで舌がよくまわらず、ハッキリとは話せないのですが、どういうわけか、治ったのかと思うくらい、ハッキリとした口調で罵倒してくるのです。

「ヨドバシィイ！　ヨドバシィ！」

寝たきりママンの呪詛はとまりません。羊の皮をかぶった羊と言われている私も、さすがに堪忍袋の緒が切れてしまい、家族だけが知っている裏の姿、ひきこもり阿修羅王になっていました。

部屋から財布を取ってくると、四〇〇〇円を老婆に返し、あれは俺が買ってきたものだ、お

前は一円も払ってないんだから文句を言うなと、まあそんなようなことを寝たきりママンに言ったのです。

寝たきり老婆vsひきこもりの地獄のいがみ合い。あのシーンを思い出すたびに、心が寒々としてきます。甥っ子のトラウマになってしまったのではないかと、深く反省しています。

そして、これがまさかの、親子最後の〝会話〟になるとは、このときは夢にも思っていませんでした。

⇩ママンロスまであと1072日

すこやかなママン

（年が明け）甥っ子が平日なのに家にやってきました。インフルエンザで学級閉鎖、学校はお休みだそうです。しかし、甥っ子長男坊はもう中学生。なので、自慢できない親戚との会話はなかなか弾みません。いっしょにポケモンカードをやっていた頃の、あの熱狂はもう戻ってこないのです。

昼飯をもくもくと食べる、おじさんと甥っ子。そのそばには、要介護5寝たきりママンが電動イスに座っているのでした。

病気で手が思うように動かせないママンですが、電動イスは足元のスイッチで、座る位置を高くしたり、低くしたりすることができるのです。

本日の老婆ママンはいつになく上機嫌で、甥っ子になにやらずっと話しかけていました。

「はうらばぁ、うがきごぉ、ふがぎが……ふぁっはっはっ」

といった感じで、なにを言っとるのかはさっぱりわからないのですが、とにかくなにか言っては、笑っているのです。

甥っ子に、なんて言っているのか尋ねてみましたが、わからないとのこと。そんなのおかまいなしに、座りきりママンの上機嫌は続くのです、

「あがごぉー、うがごぉー」

としゃべりながら、電動イスをウィーンと上げたり、下げたりしているのです。

この電動イスをさかんに上下させるパフォーマンスはたいへんおかしかったのですが、病人を笑うのはさすがに不謹慎だと思い、じっとこらえておりました。

なにかとてつもなく愉快なことがこの家のどこかでおこっていて、それが老婆ママンをゴキゲンにさせているようですのう。

⇩ママンロスまであと1039日

クーデター失敗

老婆ママンが要介護5の完全寝たきりになってだいぶたちます。私と老婆ママンとは、ハブとマングース以上に仲が悪いので、介護はしないと宣言をしており、実際になにもしておりません。基本的に年老いた老爺ダディーがひとりでママンの介護をしているのです（ときどき妹が手伝いにきます）。

世間でいう介護がどういうものか知らないのですが、勝山家では、ママンが介護するダディーに向かって、

「バカヤロー」

「冷酷人間」

「尊厳（を傷つけるな）」

と叱咤罵倒する、地獄となっております。歴史の授業で習った、白人と黒人奴隷の関係って、きっとこんな感じだったんじゃないのかな。

そんなある日のこと、ダディーからママンの病名が判明したと聞かされました。難病の大脳皮質基底核変性症だったというのです。ちょっと病気の度合いがひどいとは思っていましたが、実は難病サバイバーだったのです。

驚くとともに、難病が発覚したいまこそ、胸に秘めていた、介護奴隷ダディーの解放計画を

実行するときがきたと思いました。

ひきこもりリンカーンが立ち上がるのはいましかない、私はダディーに言いました。

「（ママンを）特養老人ホームに入れよう」

老婆の世話はしなくても、老人ホームとのやりとりくらいは、ひきこもり親孝行息子の私でもやれる、最初にして最後の親孝行計画をダディーに打ち明けたのです。すると、

「あっはっはっ」

とダディーは高笑いし、そうして話は終了になりました。笑いごととして、話はおしまいになってしまったのです。あまりの反応に呆然としていると、地獄の底で蠢《うごめ》く罪人とおぼしきうなり声が、介護ベッドから聞こえてくるのです。寝たきり老婆ママンボイスです。

「うごお、ふごう！」

何度も何度も、この言葉を繰り返すのです。もう病状が進み、なにを話しているかはわからない、はずなのですが、ママンの執念は、そんな障害を超えて、私に言葉の真意を伝えるのです。

「うごお、ふごう！（親不孝！）」

ママンの地獄耳にいささかの衰えもなし。すべて聞いていたぞ、親不孝者め。老人ホームなんぞに行くもんか、バカヤロー、と憤慨し、人殺しみたいな目でベッドからこちらを睨みつけているのです。

いったいなにが親不孝なのでしょう。おおいに不本意でしたが、ダディーに一笑にふされてしまった以上なすすべはありません。

老婆ママンを老人ホームに入れるクーデターはこうして失敗に終わったのです。

⇩ママンロスまであと996日

かいやいいやはああは――

「うふーふー」

「うえいうえうー」

「でいてえー、でいてえー」

これなーんだ？　正解は、朝から晩まで勝山家に響きわたる、寝たきり要介護5老婆ママンのおたけびでした。正解できなった人は幸せですな。

寝ているときとヘルパーさんが来ているとき以外は、基本的にこのようなおたけびが家にこだましております。老婆ママンのおたけび自体は以前からあったんですが、だんだんインフレ化が進んできて、いまではほぼ一日中、老婆が「おたけんでいる」しだいであります。

なぜ、おたけびなのか。ひとつは、病状が進み舌を自由に動かせず話ができないから。そしてなにより、おたけびをあげると、介護をしている老爺ダディーがなんでも言うことを聞いてしまうからなのです。

とはいえ、老々介護には限度があります。なんでも言うことを聞くというわけにはいきません。いまはできないよ、あとでね、と断るときも当然あるわけです。

しかしそんな生ぬるい拒否がママンに通用するわけもありません。寝たきり老婆ママンがおたけびをあげ続ければ、無理が通り、道理が引っ込むのです。最終的にダディーは、寝たきり老婆ママンの命令に服従することになります。

ちかごろは介護の手伝いに妹も頻繁に来るようになりました。これも元をただせば、おたけびの力です。寝たきり老婆がおたけびをあげ続ける→困り果てた老爺が妹に電話する→妹が介護の手伝いにくる、といったまるで戦国時代ののろしのような司令系統によって呼び出しコールが実現しているのです。

しかし妹も忙しいですから、いつでも来られるわけではありません。今日は無理、また別の日にね、と断ることも当然あります。しかしそんな生ぬるい拒否がママンに通用するわけもありません。寝たきり老婆ママンがおたけびをあげ続ければ、無理が通り、道理が引っ込むのです、来られないはずだった妹もちゃんと来るのです。

老婆ママンの趣味はベランダ園芸で、いまもマリーゴールドの花がきれいに咲き誇っております。おや？　老婆ママンは寝たきりで、園芸はできないのではないか。それができるのです。

おたけびをあげればよいのです。

「ふうううう――」

「はあああああ――っ」

「かいやいいやはあああは――」

寝たきり老婆ママンがおたけびをあげると、催眠術にかかったかのように、老爺はホームセンターに行って苗を買ってきます。それを妹が鉢に植え、うつくしいベランダガーデニングが出来上がるのです。

老婆ママンの介護をせず、家族で唯一、妖魔術からは逃れている私ですが、ひとつ屋根の下で暮らしている以上、おたけびからは逃れることができません。絶えずBGMとして、老婆のおたけびが聞こえてきます。さすがの私も、このままでは精神が破壊されてしまうと思うほど、追いつめられております。

地獄とは死んだあとに堕ちるところと思っていましたが、そうではない。いまここにあるものなのですよ。

⇩ママンロスまであと904日

リアル地獄変

耳栓をぎゅうぎゅう耳につめても、寝たきり要介護5の老婆ママンのおたけびだけは、よく聞こえてきます。周波数のせいなのか、それとも親子の絆のせいなのか、理由はわからないのですが、とにかくよく聞こえてくるのです。

「ふううう――はぁっっっ」

黙ることを知らない寝たきり老婆のおたけびが今日も我が家にこだましています。つらいですのう。おたけびのせいで部屋にいても集中できません。本を読んでいても文字が頭のなかに入ってこない……と思っていたのですが、ん！　読める、読めるぞ！　芥川龍之介の『地獄変』ならすいすいと読める。

むしろ以前より小説の世界に入っていけます。老婆ママンの断末魔のおたけびが、小説のなかの炎熱地獄の苦しみと重なり合い、音と文字との共演といいましょうか、新しいタイプのバーチャルリアリティが、見事な臨場感をつくりだしているのです。

病気のせいでろれつがまわらない、なにを言っているかは聞きとれない、そんな老婆ママンのお言葉ですが、そのなかでひとつ翻訳できるものがあったので紹介しましょう。

「あによう、ふみなあぁぁ！」

介護している老爺へ放った、この言葉の意味はというと、

「あによう、ふみなあぁぁ！（お前は、クビだ！）」です。ななな、なんと、寝たきり老婆ママンが、老爺の介護へ、鬼のようなダメ出しをしていたのです。事実は小説より奇なり。完全に芥川を超えてしまいましたな。

⇩ママンロスまであと895日

ヘルパーが来るとこそこそ隠れる生活

アンネの日記みたいな生活を送っております。

つまりはこうです、勝山家には要介護5の老婆ママンがいるので、毎日、なにかしらヘルパーだったり、医者だったり、ケアワーカーといった人が、家に訪問介護にやってきます。

ぴんぽーん、と家のチャイムが鳴る。すると、台所で遅めの朝食（ひとりブランチ）をとっていたひきこもりおじさんは、慌てて皿とコップを持って、席を立ち、すたすたと自分の部屋へ、六畳間へと避難するのです。

じっと耳をすましながら、部屋で過ごします。おっ、ヘルパーさんが来たな。まだいるな、おやっドアの音がしたぞ、帰ったかな、うん声がしない、帰った、よしと部屋から出てきて、また台所で食事をしたり、洗濯をしたりと、家のなかをうろつきます。

べつにヘルパーから身を隠す必要はないのですけれども、なんとなく老婆ママンと関わりたくなかったり、無職ぶりをさらしたくないなんて思っていたら、ヘルパーから逃げまわるという妙な生活習慣が身についてしまいました。

ヘルパーの人にどう思われているのでしょうか、サイコパス認定されているのでしょうか。堂々と「おはようございます」と、大声でヘルパーさんに挨拶してみたいと思いつつも、今日も今日とて、自分の部屋へこそこそと逃げ込むのです。

こんな、おじさんかくれんぼを、死ぬまでやらなくてはいけないのでしょうか。

なんてな。実は解決方法があるのです。それは、ヘルパーがいつ来るかを表にして、冷蔵庫に貼りだしておくだけ、これだけで充分です。ヘルパーが何時に来て、何時に帰るか、介護サービスの予定表を冷蔵庫に貼っておいてくれさえすれば、我々はそれを見て、先まわりして行動することができるのです。

ひきこもり当事者がやることは、ヘルパーが来る前にトイレに行くこと。そしてヘルパーが帰るまで部屋でじっとしていることです。これをうっかりやり忘れると、ヘルパーが帰るまで、おしっこを我慢しながら体をくねくねさせて過ごすはめになります。注意が必要です。

もうひとつのパターンは、例えば介護サービスが午後からというような日は、ヘルパーが来る前に外出します。行き先はたいてい図書館。出かけて帰ってくる頃にはヘルパーはいないという、そういう計画的時間配分をするのです。

このように、予定表さえあれば、介護で家に人が来ても、たいしたことはありません、必要なものは予定表を貼りつけるための、冷蔵庫とマグネットだけ。それさえあれば（自分が直接、親の介護に関わらないのであれば）、介護に関する家族とのコミュニケーションはばっちりです。

ひきこもりとヘルパー。家のなかでは、お互い見て見ぬふりがマナーです。私もヘルパーさんがいるときは石ころぼうしをかぶってじっと静かにしておりますよ。

⇩ママンロスまで975日

特養に申し込む

要介護5寝たきり老婆ママンが、二週間後に入院することになりました。といっても、突然病状が悪化したというわけでなく検査のための入院です。

では、なんで検査するのかというと、特養に入るためです。すでに特養の申し込みをしたと、老爺ダディーから報告を受けました。

特養とは、「特別養護老人ホーム」の略称です。原則的には要介護3以上の人しか入れません。常時介護が必要で自宅での生活が困難な人が、日常生活上必要な介護、機能訓練、療養上の世話を受けるための施設です。

当たり前のことが当たり前におこなわれる日が、やっと勝山家にもやってきました。いままで要介護5の難病持ちの寝たきり老人が施設に入らずに、老爺ひとりの自宅介護でしのいでいたのです。こんなことがあるのかと不思議でなりませんでしたが、それもあと二週間のこと。

ママンは入院検査を経て、特養老人ホームに入ります。

海が割れ、神の国への道がひらけたような思いがいたしました。そんなおり、老爺ダディーから私に相談がありました。

「母さんが胃ろうになるかもしれないけど、どう思う？」

と言うのです。私は手をバッテンにして「ダメ、それだけはダメ」「胃ろう阻止」と猛反対いたしました。

一時的にというなら胃ろうというのもありですが、寝たきり要介護5の老婆ママンがやるのは、食事をさせる手間暇をはぶくための胃ろうです。それはない。

老爺ダディーは「胃ろうをしないと施設には入れない」と言われているんだ、と言っていましたが、そんなはずはない！　俺を誰だと思っているんだ、モンスタークレーマーだぞ、そんな嘘はゆるさない。

それにしても、介護というかなんというか、人間の最期というのは、なかなか難しいものですな。

⇩ママンロスまであと820日

もう、おたけびは聞こえない

寝たきり要介護5老婆ママンが、本日、検査のために入院しました。

朝起きて台所に行くと妹が来ていて、あれっ早いなと思うと同時に、ああ今日が入院の日かと気づきました。病院への付き添いとして、ダディーと二人で行くのでしょう。私は「介護はしない」と宣言している人間なので、なにも教えてもらえないのです。でもそれは仕方のないことです。

検査入院のあと、特養老人ホームに入る予定なので、実質今日が老婆ママンとの最後のお別れになります。

もう、おたけびを聞くことはできない。そう思うと急にさみしくなってきました。早くもママンロスです（まだ生きていますぞ）。

私は考えました、このさみしさをやわらげる方法はないかと。そして思いついたのです、おたけびを録音しようと。さみしさを感じたときに録音を聞くことにしようと。

朝、昼、夜とたえずおたけんでいる老婆ママンではありますが、まさか本人の目の前にＩＣ

レコーダーを突きだすわけにもいきません。相手は病人です。

そこで私は遠慮深く、遠くからママンのおたけびを録音することにしました。自分の部屋の入口でICレコーダーをかまえ、むこうの部屋から響き渡るおたけびを録音することにしたのです。

RECボタンを押し動作開始、私は静かにしてママンのおたけびを待ちます。しかし、どうしたことでしょう。今日に限って寝たきり要介護5老婆ママンが、だんまりを決め込んでいるのです。

入院当日ということで緊張しているのでしょうか、それとも録音に気づかれたのでしょうか、とにかくずっと人間マナーモードのまま。もともと外面のいい老婆ママンですから、早くもよそゆきモードに入ってしまったのかもしれません。家族にだけ見せる、あの怖ろしい地獄のおたけびをやってくれないのです。

静かな時間が過ぎ、病院からの迎えの人がやってきました。そしてそのまま、ドナドナの子牛のように、老婆ママンは車椅子に乗せられ、病院へと運ばれて行ってしまったのです。

⇩ママンロスまであと808日

ママン帰る

要介護5寝たきり老婆ママンが退院して家に戻ってきました。てっきり検査入院を経て特養老人ホームに入るものと思っていたのですが、当たり前のようにするっと家に帰ってまいりました。

ママンが入院した直後は、あまりの静けさに、おたけびが恋しく、ママンロスになっていたのですが、静かな日々がしばらく続いて、夜もぐっすり眠れるようになり、家に寝たきり要介護5の老婆がいたことなど、すっかり忘れておりましたよ。

でもそれも過去のこと。耳をすますと聞こえてきます。すまさなくても聞こえてきます。

「あはああぁはがぁぁぁ――」

「があるがあるらーうるらら――」

あの、おたけびの日々が帰ってきました。老婆ママンの退院のお祝いに、本棚にある、『智恵子抄』のなかからお気に入りのポエムをひとつ、引用いたしましょう。

風にのるママン

帰つたママンは黙らない

ただダディーといがみあふ
コンクリートの壁つづき
しめつた風の向かうがわ
マンモス団地の丘はけむる
ママンは顔をぷうとふくらませ
目をぴんとつりあげる
かいやいいやはああはのをたけび
又うごおふごうのをたけび
わたしは目をそむけ　ゆつくり
ママンのもとをはなれる
牛頭馬頭らがママンの友だち
もう人間であることをやめたママンに
昼間でも暗い団地は　絶好の広間
ママンをたけぶ

（高村光太郎『智恵子抄』「風にのる智恵子」参照）

⇩ママンロスまであと795日

いつもニコニコ

古い団地という構造上、トイレに行くにも、玄関に行くにも、台所を通らないといけません、廊下というものがないのです。そういう間取りに我が家はなっております。

しかし今日はダディーが台所で、介護のケアマネジャーとなにやら長々と話をしていたので、私は自分の部屋でおしっこを我慢しながら、体をくねくねさせて耐え続けなければならないという状況に追い込まれていました。

早く帰ってくれないかな、と思いつつドアごしに耳をすませていました。そこで思わぬことを聞いたのです。

「勝山さん（ママン）はデイサービスのスタッフには、いつもニコニコしているんですよ」

ええええっ。家では朝、昼、夜と鬼の形相でおたけびをあげているのに、家から一歩出るとおたけびはいっさい封印して、ニコニコ顔で人と接しているというのです。

ママンは認知症になって、ちょっとボケているかと思っていましたがそうではありません。相手によって態度を変える処世術は、寝たきりになったいまも健在だったのです。難病で要介護5の寝たきり老婆ママンが、病院にも老人ホームにも入らずにいられるのも、こういうママンによるしたたかな生存戦略による部分が大きいのです。

「かっかっかっ、誰が老人ホームなんぞ入るもんかい」

世論を味方につければこっちのものと、心のなかでママンは勝ち誇っているのかもしれません。

⇩ママンロスまであと677日

GO TO ホスピス

ママンがホスピスに行ってから二週間、まだ帰ってきておりません。いままでも、入院とか老人ホームという話は何度もあったのですが、結局は一週間もしないうちに帰ってきて、ずっと家にいるのです。ホスピスもどうせショートステイのようなものだろうとたかをくっていましたが、戻ってくる気配がありません。どうやら完全に入所してしまったようです。

おたけびひとつで、いつでもどこでも好きなところに行けるママンが、なぜホスピスに入ることになってしまったか。それはコロナウィルスの流行のせいなのです。

老々介護をしているダディーが、もし自分がコロナに感染してしまったらママンの介護をする人がいなくなってしまうと、そのことを心配したのです。

コロナに関して、ダディーはたいへん弱気でして、感染することはもちろん、後遺症のことも心配しておりました。だからワクチンは率先して打っていましたし、私にも「お前ひとりの問題じゃないぞ」といつになく強い口調でコロナワクチン接種をすすめてきました。私は治験すらすんでいないコロナワクチンはいかがなものかと様子見をしていたのですが、しかたがない、これも親孝行だと、遅ればせながらコロナワクチンを打ち、そうして筋肉痛で左腕が上がらなくなるというひどい目に遭いました。ダディーはそんなことはおかまいなく、早く二回目を打て、左腕が痛いなら右腕に打てと、丹下段平のような熱意をもって私をけしかけるのですが、さすがに両手ぶらりにはなりたくなかったですから、痛みがひくまで待ち、数カ月後に二回目を打って親孝行を完遂いたしました。

世間一般でもいろいろコロナさわぎはあったでしょうが、私の家でも、なにせ高齢の難病人がいるものですから、たいへんというか、もうコロナに感染したらおしまいだという雰囲気があったわけです。そんなタイミングでホスピスに入ろうという話が出たようです（私の知らないところで）。

ホスピスとは、基本的に末期がんの患者が入るところですが、ママンは難病のため特別に入れるとのことでした。ホスピスの欠点はとにかくお金がかかること。しかしコロナの流行と老々介護の限界の、ふたつが同時にきたために、ほかに選択肢はなく、ホスピスの申し込みをしたのです。

ホスピスも老人ホーム同様、申し込めばすぐに入れるというわけではありません。長い順番待ちになります。ホスピスに空きができるということは、入所している誰かが亡くなるということ。ということは、誰かが急に亡くなると、なんの前触れもなく、ある日突然、電話がきて、すぐに入所してくださいということになる。
遥か遠くにあると思っていたホスピス入所が、いきなりいますぐと言われると、ひるんでキャンセルする人もいるわけで、タイミングがいいと順番が次々と繰り上がり、はやく入れる場合もあります。ママンのケースもタイミングよく（？）条件がととのってしまい、ホスピスに入れることになったのです。

⇩ママンロスまであと117日

ママンロス

きょう、ママンが死んだ。もしかすると、昨日かも知れないが、私にはわからない。
カミュ『異邦人』

ホスピスから、ママンの呼吸が弱くなっているとの連絡がきました。これは介護に詳しい方ならおわかりかも知れませんが、つまりは、もうまもなくという合図なのです。死に目に会えるか、会えないかというのは、このときに間に合うか間に合わないかということです。

私も、いよいよかと出かける準備をしていたのですが、ダディーから「家で待っていなさい」と言われ、「なにかあったら連絡するから」と留守番を言いつけられたのです。ダディーは電動自転車にまたがって急いでホスピスへと向かいました。

六畳間でぽつねんとしてお留守番、そわそわ待ち続けて気づけば夕方、ダディーが家に帰ってきました。

「持ち直した」と言うのです。医者の診断ではあと二〜三日は大丈夫だとのことなので、その日は帰ってきたとのことでした。

そして、その翌日早朝、ママンはひとりで天国へと旅立ったのです。

ママンが生きていたのなら、

「バカヤロー、お前はクビだ！」

と、そのヤブ医者を叱咤していたことでしょう。

早朝にママンの訃報。まだバスは走っていません。ダディーは電動自転車で、私は原付スクーターで、ホスピスへと向かいました。

亡くなったママンはすでに冷たくなっていて、私はダディーに言われるままに、生きている間は一度も握ったことのなかったママンの手を握りました。たしかにママンの手は冷たくなっていました。とうとう四九年間にわたって続いてきた私とママンの「いがみ合い（いがみ愛）」が終わったと、しみじみと感じたのです。

亡くなったママンは、どういうわけかアゴがはずれそうなくらい口をあけていて、生前のスタイリストで見栄っ張りのママンを知る身としては、ママンの口を閉じさせてあげたい気持ちでいっぱいでしたが、仲の悪かったひきこもり息子が、ママンの遺体の顔をぐいと押しつぶして口を閉じさせるようなマネをしようものなら、事件になりますから、そんなことはしません。

なんとか世間並みの「やすらかな死に顔」にしてあげたいと思うだけでなにもできず、そうして、ママンはいつまでも口をぽかーんとあけていたのです。

ママンのお葬式

ママンはホスピスで亡くなりましたので、特になにかしなきゃいけないということはありませんでしたが、備えあれば憂いなしと、私がママンロスに備えてこっそり所持していたものがあります。「小さなお葬式の早割カード」です。ママンは（医者の診断によると）いつ亡くなってもおかしくないっていう状態でしたので、ひそかに自分で、「小さなお葬式」の会員になり、早割申し込みカードをゲットしておりました。

別にママンの死を望んでいたわけではありません。ただ家族の誰も備えていなかったら、それはそれで困るわけです。私の気持ちとしては、こぢんまりと密葬か家族葬でやりたいと思っていたので、いざとなったら葬儀の主導権をにぎれるように早割カードを手に入れていたのです。想像してみてください、なんの準備もなく、ある日突然亡くなって、病院でいろんな葬儀屋のパンフレットを渡されて、この中から選びなさいって言われたら。もう高かろうがなんだろうが、なんの抵抗もできないじゃないですか。葬式に一〇〇万円以上かけるなんて、そんな余裕は私にもあなたにもないはず。

そういうときに、こういう葬儀屋さんの早割サービスとか申し込んでおくと、実際その業者に頼むかどうかはともかく、ひとつの基準というか、葬儀代の相場がわかります。パンフレットを見て、いくらくらいなのかを知るだけでも随分違って、考えるヒントになります。心のお守り代わりになります。もし親が死んだらどうしようっていう不安に対しては、こういうパンフレットが一番の癒やしになります。

で、実際のお葬式はどうだったのか、早割カードは役に立ったのかというと、ママンが亡くなる前日に、これも虫の知らせだったのか、ダディーが近所の葬儀屋さんに見積もりを聞きにいっていたのでした。なので、その葬儀屋さんで家族葬をすることになったのです。

一日葬というやつでして、お通夜なし、お坊さんなしです。これはよかった。親と妹家族のみでやったのですが、冠婚葬祭が嫌いな私でも、お坊さんのいない家族葬なら、いいかなと思いました。ママンとのお別れ、その心の整理をつけられるという意味でよかったです。

仲が悪くても、人が死ぬっていうのは結構ショックを受けるものです。心が揺れ動く。そういうときに、簡単なお葬式の、祭壇があって、棺桶があって、花が敷きつめてあって、霊柩車に乗せてという、ごく当たり前の儀式は、値段が安ければ、まあいいかなって思うようになりました。

愛の結晶化

葬儀が終わったあと、私はブログおじさんでありながら、ママンの死についてはなにも書かずに、じっと胸のなかにしまい込んでいました。正真正銘8050問題の当事者になった証としてすぐにでもルポタージュを書くべきだったかもしれませんが、そうはしなかったのは、結晶化を待っていたからです。スタンダールの『恋愛論』で語られるあの結晶化です。

スタンダールは著書『恋愛論』（スタンダールが書いた本のなかで、発売当時十三冊しか売れなかった、もっとも悲惨な著書としても有名）で、枯れた枝を洞穴に投げ込み、しばらく待って取り出すと、枯れ枝だったものがダイヤモンドの結晶につつまれるようになる、愛とはそのような結晶化のことをいうのだと主張しています。

私はこのモテない文豪、スタンダールの妙な恋愛論の、愛の結晶化の話が、どうにも頭にこびりついて離れないでいました。本も持っていませんし、有名な作家だからと、ちょっと読んだだけなのに、なぜか心の石版にずっと刻み込まれてしまい忘れられずにいたのです。

ハブとマングースのように家のなかで絶えずいがみ合ってまいりましたが、ひょっとしたら、長年チリ積もった、いがみ合いが、いがみ愛になる、そのような結晶化がおこるのではないか、いや絶対おこる、そんな気がしてならないのです。

親不孝なやつほど、「孝行したいときに親はなし」とか「親になって知る親のありがたみ」みたいな、薄っぺらいことを語りだすじゃないですか、あのようなみっともない心の変容が自分にもおこるのではないかと、私はママンという枯れ枝を洞窟にぽいと放り投げたのです。

ママンからの手紙

ママンの遺品整理は、ミニマリストであるダディーが一人でやっておりました。そこで、ひょっこりと謎の遺書が出てきたのです。エンディングノートとは別の遺書が机のひきだしから発見され、それは私と妹のふたり宛のものでした。

宛先にダディーが含まれていないということで、律義者のダディーは開けることができず、妹が家にやってきたときに、我々兄妹の前で開封することとなりました。

『安心ひきこもりライフ』および、『ひきこもりカレンダー』の読者は、私のママンが、どんな人か知ってるわけですよね。それを思い出しつつ読んでください。これがひきだしから出てきた、もうひとつのママンの遺書です。


精一杯やってきたつもりだったけど、もっと頑張って君のことを考えてあげればよかったと思う。

私は振り返ってみても、楽しかったというか、あまり後悔はない、自分本位の人生だったと思う。

君にも、周りの人にも感謝する。

ありがとう。

君には君の道を歩いてほしい。

君のお父さんも真面目に正直に生きてきた。

そんな良いところを、君は受け継いでいる。

困ったときは、お友達のUさんにお願いしてあるから、相談してください。

葬儀は、こじんまりと質素に、親しい人だけでいいです。

できたら、山に埋めてほしいけど、そうもいかなかったら、君の考えでいいよ。

君のおかげで私は大人になりました。

立派な親にはちょっとなれなかったけど、ありがとう。

また君と会いたいね。

そのときは良いお母さんに、なれるようになりますね。

ぶえーん。涙があふれてとまらない。虎は死して皮を残すと言いますが、ママンは死してこのような遺書を遺したのです。親が死んだらどうするとかバカなことを言っとる場合じゃないのですぞ。ママンは、ほんとうに心を打つ、いい遺書を残してくれたなと思います。これを読むとママンの謎がいっぱい解けてくるからです。

自分のことを「自分本意」だって書いてあるでしょ。ずっとなぜママンみたいな人格の悪い人間が存在するのか謎だったのですが、それは、自分本位だったからなんだと腑に落ちました。しかも「私は振り返ってみても、楽しかったというか、あまり後悔はない」とまで書いてある。なるほど、やってきた数々の悪行は自分本位のなせるわざだったのです。だから後悔もないのですな。

私が真面目でダディーによく似ているっていうのも、本当だなと思いました。似ているのは当たり前で、〝よく〟似ているのがポイントです。つまりダディーのクローンなのです。

ただ、ダディーに似ているってことは、裏を返すと、私はママンにも〝よく〟似ているってことです。まちがいない、私もまた自分本位な人間なのです。私にはどうしてもできないことがあります、世のため人のためになにかをするということです。そういうことに価値があり、尊いということはわかっているのですが、どうしても他人のためになにかをするということに本気になれないのです。

私は、自分本位で真面目で正直な人間だったのです。この謎の遺書を読むことで、自分という人間をよく知ることができました。

でも、この遺書は二五年くらいも昔に書かれたもので、その頃ママンはまだ五十歳で健康そのもの、ピンピンしてたのです。でもなぜか遺書を書いておりました。おそらくですが、海外旅行に行くときに飛行機が墜落したらっていうのをイメージして、そのときの雰囲気で、センチメンタルな気分で、この遺書を書いたんだと思います。

ちなみにこれには、妹のことがひと言も出てきません、もう一枚妹宛に入ってたっていうことではないんです。書き忘れたのです。さらに月日がたってママンは遺書を書いたことすら忘れたのです。それがあとからひょっこり、ひきだしの奥から「スピンオフ遺書」として出現したというわけです。

私がママンについてどういうふうに思っていたか、『バラ色のひきこもり』に書いた文章がありますので、その一部引用しますね。

　意に沿わなければグーパンチ、パービンタ、ものをつかんで投げる遠距離攻撃と、ママンの鉄拳制裁はパーフェクトで死角がない。

そんなつらい子ども時代を精神的に支えたのが、ガンディーでした。非暴力でインドを独立に導いたガンディーの生きざまに大いに感銘を受けました。暴力に暴力で答えることの愚かさよ、私も非暴力でママンに対峙したのです。殴られる、ニヤニヤする、もっと殴られる、おいおい、ガンディーとだいぶ違うじゃないかと戸惑いつつも、ガンディーへの信頼は揺らぎません。だから私はどんなに殴られても、ママンに対して暴力を振るったことは一回もないんです。まあとにかく私はこんなとんでもない親に育てられたのです。

なんというか、子どものしつけに対する手加減というのがなくて、ひどい目に遭ってきたのですけれど、でも、その暴君ぶりと、この遺書とを両立させるのが「自分本位」というものなんでしょうな。気分のいいときはやさしくなり、カチンときたときは容赦なく叩くっていう、自分本位そのものだったのです。自分がいいお母さんになりたいって気分のときもあるので、そういうときはこの遺書みたいな気分になっていたのです。

ずっといっしょに暮らしていたママンが亡くなり、ママンのおたけびも聞こえなくなって、非常に家が静かになりました、毎日ぐっすり眠れるようにはなりましたが、ちょっと寂しいですな。

8050問題って親が死んだらお金どうするって、俗世間の垢にまみれた話ばっかりですけど、いざなってみると、精神的な、気持ちの問題のほうが大きいかなとも思います。

ママンが気まぐれで書いた「スピンオフ遺書」は、私にとっては一番の遺産でした。ママンの大いなる自分本位の貫徹の前に、度肝も尻子玉も、抜けるものすべて抜け落ちてしまいましたよ。

自分本位全開、いいお母さんとして死んで語り継がれていくぞという、たぶんそれだけの気持ちで書いたのでしょうけど、その気迫はびんびんと伝わってくる、ほんとうにいい遺書です。これでこそ、俺たちのママン。洞穴に放り込んだ枯れ枝が今後どうなるかが楽しみですな。

夢のかけら

ママンが亡くなって三カ月、納骨式というほど大げさなものではありませんが、お墓に遺骨を納めることになりました。

あらかじめ公営の墓地を購入してあったのです。それはママンが買ったのではなくて、ダディーが自分用に買ったもの、でも病魔のせいでママンが先に亡くなってしまい、ママンが先に入ることになったのです。

現地に着いてみて、そのお墓がダディーのものでも、勝山家のお墓でもなく、ママンプロデュースの、ママンのお墓になっていることを知り、度肝を抜かれます。

墓には「夢」と、そのたった一文字だけが刻まれておったのです。目立ちたがり屋のママンたっての希望でこのようになったとダディーから報告を受けました。

お墓は自分の好きな言葉を書き込むところじゃないぞと、憤慨したくても、ママンはもうこの世にはいません。ママンしてやったりです。いったい「夢」とはなんのことでしょう。推理小説の主人公、シャーロック・ホームズやエルキュール・ポアロならこれをどう解釈するでしょうか。ある種のダイイングメッセージです。ママンはお墓を通じてなにかを伝えようとしているのです。

勝山家の司令塔ママンからの最後のスルーパス。それを察し、走り出して、パスを受け取るのは誰か、言うまでもありません、私しかおらんのですよ。思えば小学校の頃からテストで点を取ること以外、取り柄のない点取り屋でした。このパスを受け取りゴールに叩き込むのが、勝山ユナイテッドのストライカーである私の役目なのです。

なにをしたらいいのか、そのとき、天からのママンの声がはっきり聞こえてまいりました。

「本のタイトルは〝夢〟、それ以外は認めません」

そういうことなのです。ママンは勝手にこの本のタイトルを決めていたのです。ママン憲法第一条「親孝行を受ける権利」の発動です。

最大六人が入れるお墓に勝山家と刻まず、「夢」と刻んだのには、こうした理由があったのです。親が買ってきた服（ママンズブランド）を着ることが、最大の親孝行だと信じて疑わなかった私が甘かったのです。

「カッカッカッ。なにがママンズブランドだ、親が買ってきた服を着るなんて当たり前だ、そんなもの親孝行のうちになんか入るもんかい。母さんが考えたタイトルを君の本のタイトルにしなさい。それ以外は認めません」

ママンはあの世からのメッセージを、叱咤激励を、墓石に刻み込んだ文字を通して主張しているのです。

孝行したいときに親はなし、なんて言うだけで、平然となにもしないでいられる親不孝者とは違い、真の孝行者である私は、ママン亡きあとにも、こんなとびっきりの親孝行を迫られてしまうのです。

どうするか、なんて、そんなの考えるまでもありません。親孝行ストライカーとして、ママンのスルーパスを受け取り、夢のゴールを決めるだけです。当たり前のことです。そんなこと無理だなんていう男子はこの星に生まれてこんでよろしい。

タイトルを「夢」にしようと決意したのですが、本を出版するという計画はなかなか進まず、ママンの死から長い月日がながれていきました、すると徐々に正気が戻って……いやそうではありません、ママンから引き継いだDNA「自分本位」がむくむくと沸きあがってきたのです。

バカなタイトルをつけたら全部台なしだ、私が死ねば「夢」のなかに入る、それで親孝行は十分、過ぎたるは及ばざるが如しとは親孝行にこそ当てはまると、私はママンからのスルーパスをタッチラインの外にぽーんと蹴り出したのです。

ママンの話は尽きず名残惜しいですが、私にとって最大のコンテンツであった、ママンとの親子のいがみ愛は、以上をもって終結とさせていただきます。

サンキュー・フォー・ママン、さよならのかわりに。

ダディー編——ファイナル・カウントダウン

リアル・シンプソンズ——六カ月前のこと

いつのまにかダディーが黄色くなっておりました。たしかに私たちは黄色人種ではあるけれども、そんなに黄色くはないはず。なのに気づいたら、リアル・シンプソンズというふうな、さすがにこれは黄色だよなという感じになっていたのです。

いきなりシンプソンズになれば誰だって仰天して病院に行きますが、毎日少しずつ、グラデーションで黄色くなっていくものですから、なんか変だなと思っていても、すごく変だとは思わない。医者に行くほどではないなと自分に言い聞かせ続けて、やがて「体がかゆくて眠れない」というところまでいってようやくダディーは皮膚科に行ったのです。

そこで、これは皮膚の病気ではないということになり、大きな病院に行って検査、胆管がんであることが判明したのです。即手術決定。それはもういきなり医療コンベアの上で、選択の余地はなし、あっという間のことです。

ダディーが黄色かった原因は、胆汁の通り道にがんができて、胆道がふさがれるためにおこる黄疸の症状だったのです。「なんでこんなに黄色くなるまで家族は気づかなかったのか」と言われましたが、日陰育ちのひきこもり家族ゆえに食事は別々という理由に加えて、コロナの流行以降は感染予防のため、ほとんどいっしょの空間にいるということがなかったのです。

ダディーの胆管がん発覚は大事件ですが、しかしそれでも、まあなんとかなるだろうと、私が平静でいられたのは、胆管がんの先輩というか、ロールモデル、ぺぺさん（ぺぺ長谷川。だめ連）がいたからです。私のダディーの口から語られる胆管がんの説明はすべて、過去にユーチューブ動画でぺぺさんが語っていたものと同じものでありました。全部知っている。さらに言えば、これからダディーがやることも私にはわかっているのです。

ぺぺの通る道は、ダディーが通る道。一ミリの狂いもなく、ぺぺさんが話していた通りに、ダディーもまた黄疸を解消するための手術をします、ステントというプラスチックの管を入れて、胆汁がながれるようにするのです。

これをしたあとで胆管がんそのものを切除する手術をするというのが、標準医療なのですが、ダディーは八十一歳という高齢だったこともあって「がんと闘わない」決心をし、そのまま退院したのです。

この決断もまたぺぺさんと同じなのでした。残りの人生を闘病やリハビリ生活に使いたくない、切っても切らなくても、寿命的にはまあ同じものだろうと考えて、ステントのみの治療で手術は終了としたのです。

その後のダディーがどうなったか、シンプソンズ色だった肌は、徐々にもとのモンゴロイド色に戻っていったのです。がんを切らないことを選択した以上いつかはその時がきます、でもそのいつかは今日ではない、まだ先だろうという認識で日々暮らし、気づけばダディーががんであることを忘れてしまうくらい、いつもどおりの生活となっていったのでした。

「親は死なない説」を唱え続けた、或ひきこもりの一生

親が死んだらどうする？　という問いに対して、日本人の平均寿命というものを提示して、それまでには、五年、十年、いや二十年ある、いまは死なない。あれこれ心配して、対策を考えたとしても遙か未来の社会では役に立たない、と主張し、さえない人間が、将来について考えたら暗くなって絶望するだけ。五年、十年、いや二十年、ただ暗い顔をして生きていくだけさ。

考えるな、悩むときがくるそのときまで。人生に練習はいらない。どこにでも丸腰で突入し

ろ、賢者はいつもその日暮らし、やることはすべてアドリブでやれ、準備して用意したものはすべて無駄になると心得よ、泣くのが親の仕事さ、親が死んだらにどうしたもこうしたもあるかい、バカヤロー、カッカッカッと、親が死んだらどうするかなんて一切考えずに、五年、十年、いや二十年とのっぺり顔で生きてきた「親は死なない説」を唱え続けていた或ひきこもり男子の一生とは、はたしてどんなものなのでしょう。

それは見ものだ、どんなもんか見てやろう、たられば の i f の物語ではない、親は死なない説のなれの果て、なにも考えてこなかった手ぶらの８０５０の現実がどんなものか、高みの見物といこうじゃないですか。

ためしに、その男が毎日ノートにつけている「或阿呆の日記」というものが手元にあるのでその一部をちょっと引用してみましょう。

○月×日

ダディーの体調がすぐれない。死んじゃうかもと思うと、あわわわわとなり、手がぷるぷる震える。

○月×日

ダディーのしゃっくりが止まらない。病院に行くようにすすめたが、「いやだ」と断られた。そわそわして落ち着かない。全部ダディーのせいだ。

○月×日
ダディーの体調が悪いようで心配だ。相当弱っている。下痢止めを買ってきてくれるように頼まれた。もうそろそろかもしれない。怖ろしくなって、仔馬のように震えている。
○月×日
ダディーが「まったく眠れない」という。パンを買ってきてくれるように頼まれた。さらに弱っているようだ。ダディーも八十二歳。死ぬかもと思うと、怖くてたまらん。
○月×日
あいかわらずダディーの体調がよくない。怖ろしゅうてならん。いざとなったら救急車を呼ぼう。
○月×日
心が焦る、あーあーあーと叫びたくなる。でも叫んだら人としておしまいだ。しっかりしろ。でもひょっとしたら、もうすでに叫んでいて、ただそのことに気づいていないだけかもしれない。

「あーあーあー」ですか、しかももう叫んでいるかもって。体を震わせる以外、特になにもしていないようですな。親は死なない説を唱えて、荒ぶっていたふかし芋の最後がこれとは……いや、これは最後ではありません、これが序章なのです。

そしてあらためてネタバラシするまでもなくご存知のこととは思いますが、ほかの誰かの話ではなく、すべて私のことでございます。

でもこれでいいのです。だからなんだというのですか。ただこの人って、過去にそんなことも言っていたよなと頭に入れつつ、本題であり、最終章とでもいうべきダディー編を読んでいただきたいと思います。To Be Continued…

いきなり最終回

親が死にかけているときに取るべき行動はただ二つ、生まれたての仔馬のようにぷるぷる震えることと、あーあーあーと小さな声で叫ぶことです。「仔馬ぷるぷる」&「おたけびウィスパー」。ママンがなんでおたけんでいたのか、ずっとわからずにいたのですが、いまならわかります。心の叫びを実際に声に出してみると、少し気持ちが楽になるからです。奇声は発しよう、近所迷惑にならない程度のボリュームで。

六畳間で体を震わせながら、ウィスパーボイスでおたけんでいれば、心の焦りや不安は軽減します。それで解決する人もいるでしょう、例えば親が死にかけているというのが杞憂であったという場合です。死ぬかと思ったけど大丈夫だったというのならば、個人の内面のケアです

むわけです。

が、現実に死にかけているとなると、これはもうおたけびなんかではどうにもならない、事態はちっとも好転しない。死にかけているというのは、ちょっと大げさな表現でして、実際はすぐに救急車を呼ぶほどではないが、ひたすら体調が悪い、食欲がない、外出することもできないという状態のことです。外出できないというのがおおきい。医者に行けないのです。どうしたらいいのか。

決死隊突撃

結論。親子で決死隊を組織し、病院に突撃する。介護パンツを装着し、タクシーを呼び、病院へ直行する、名前を呼ばれてもいないのに診察室に突入し、早く診てくれ、もれてしまうと、恥も外聞もなく気迫で診察を迫ります。ふだんは絶対にやらないし、ゆるされないことですが、ダディーの気迫に押されたのか、「順番じゃないけどまあいいでしょう」と医師の診察を受けられることになりました。しかしここでダディーのかかりつけの医者が、どうにもアレであることが判明します。

眠れないと訴えると「睡眠薬を増やしましょう」と言い、下痢を訴えると「(がんの)手術はしないんでしょ」と言い、食事がとれないと言えば「じゃあ、点滴しますか？　できますよ」などと言う。外出ができないので往診はしてもらえるか聞いたところ、コロナ対策用のアクリル板の向こう側から、「往診はしない」ときっぱり言い切るのでした。決死隊、全滅であります。

なんでこんな変なことになっているかというと、本来であればステントの手術をした大病院に定期的に通わなくてはいけないのに、がんであることを忘れるくらい元気になったので、「大病院は待ち時間が長いから」と、ダディーは近所の町医者に通うことでやり過ごしていたのです。その町医者選びがまちがっていたのですな。とはいえ、この高田純次と同じくらい適当な医者には腹が立ちます。

決死隊再突撃

かかりつけ医がなんの頼りにもならない場合はどうするか。

そんなときは介護とつながりたまえ。「地域包括支援センター」に行くのです。私の場合、家から徒歩三分くらいのところにあることがわかったので、電話をして予約、地域包括支援センターに介護パンツをはいて親子で再突撃しました。

「介護だ！　頼む介護をくれ！」とは言いませんでしたが、じゃあ親子でなにを訴えたのかというと、もうそのへんからは記憶がない。この辺りから疲労とパニックでなんの記憶もない。当事者経験談として、こんなことがあった、あんなことがあった、これがたいへんだった、あしてほしかったとか、そんな語りをしてみたいのですが、介護パンツを装着したことと、ダディーとともに突撃したことしか覚えていない。

でも行けば、次の日にはレンタル介護ベッドが届き、二日後には本物の医者が来てくれました。訪問診療のはじまりです。ダディーのお腹に水がたまっていることがわかり、そのための治療、薬、点滴。そしてこれからの医療方針も説明してもらいました。なんだか急展開なのです。

すべての契約書に印鑑を押す男

地域包括支援センターに行けばなんとかなる、が真理。通院が困難になったら、地域包括支援センターに行き、訪問診療を受けなはれ、介護保険の申請をしなはれ、それ以外に助かる方法はないように思います。

わかりづらいのは介護と医療は似ているけど（？）別物ということです。介護保険と医療保険（健康保険）も別。ダディーのようにいきなり末期がんでクライマックスを迎えると、介護よりも医療がメインとなり、ヘルパーではなく医者や看護師の仕事となります。

医療費がいくらになるんだろうと、不安になると思いますが、手術をしたことのある人なら知ってのとおり、日本には高額療養費制度というものがあり、自己負担限度額の上限が決まっているので破産するなんてことはない。なんとかなります。

訪問診療に介護、よくわからないことを、よくわからないままに、すべての書類に記入をして印鑑を押す。介護ベルトコンベアにのって、親子ともども前進です。もうこんなんじゃ、契約書をよく読まずにサインをして不動産投資にひっかかる人のことをバカにできないですのう。

緊急家族会議

妹が来る。親子三人で家族会議。ダディーから手書きの遺言書を渡される。胆管がんが判明し、ステント治療を受けてから約六カ月、その間にダディーは就活ならぬ終活をはじめており、遺書を書いて、エンディングノートに必要事項をあれこれと書き込んでいたのです。律義者のダディーのつくったエンディングマニュアルはよくできていて、たいへんわかりやすく役に立つもの。これから介護をよろしく、とのことでした。

オキニとオキラ

「介護」と「相続」、このふたつに関する本を読みさえすれば、親が死んだらどうする？　に対する知識はすべて身につきます。本屋に行けば、その手の本はいくらでもあります。知ったかぶってド素人である私が付け加えることはないけど、ただひとつ、本に載っていないけど重要だなと感じたことがあります。

オキニとオキラ問題です。オキニとは、お気に入りのこと。オキラとはその逆で気に入られていないということです。通常であれば兄妹どちらも別《わ》け隔《へだ》てなく接するのが親というものですが、病気になると人間そういうわけにはいきません。

オキラの言うことなんて聞かないのです。ダディーにとって妹がオキニで、私はオキラです。オキラがなにか言っても、「もういい」とぷいと横を向いてそれっきりということがたびたびおこります。わがままな病人を動かすには、オキニを通じて、間接的に動かすことになります。基本オキラにできることは〝なにもない〟と思ってもらいたい。

入院できない？　できる？

介護がはじまると同時にダディーが盛んに「自分は入院ができないと医者から言われている」、だから「介護よろしく」という、謎の嘘（のようなもの）をみんなに言っていました。たしかにダディーはがんと闘わない選択をしたので、がん手術のための入院はできませんが、ホスピスのような緩和ケア病棟なら入院できるのです。

ダディーはなにか勘違いしているのではと、入院したいならできるよと私は説明したのですが、オキラがなにを言っても、ぷいと横を向いて知らんぷりです。

これはひょっとするとママン同様、「誰がホスピスなんぞ行くもんかい」と心のなかで思っているのではと考えてみたりして、こうなると深層心理の探り合いですな。でもダディーの本心はわからずじまいです。ダディーは看護師やケアワーカーにまで「入院できない」と訴えるので、逆にホスピスに入るための準備が進むということになっていきます。ケアの基本は〝本人の意志を尊重する〟ことだからです。

介護開始してたった二週間で、気づけばダディーは寝たきりがん患者になっていました。介護というか、いきなり終末医療なのです。ずっと点滴、酸素ボンベでザクのようになっています。これはもうホスピスしかないと、ママンに続き、ダディーもホスピスに入ることになりました。

男の約束

いよいよ明日、ホスピスに行くという深夜一時、突然タディーから「ホスピスには絶対行きたくない」と言われるのです。

「ホームレスにしないでくれ」、「ベッドを取り上げないでくれ」、「家から放り出されて、ひとりになるようなことにならないようにしてくれ」と頼むのです。絶対頼むぞと、真夜中にダディーに指切りげんまんをさせられたのでした。

ダディーロス

ここまで堅い約束をしたのにもかかわらず、翌朝周りといろいろ話し合った結果、しょうがないよなということで、予定どおり、ダディーは介護タクシーでホスピスへ出発となったのです。

天下一の裏切り者。

昨夜の約束を完全に反故《ほご》にしてしまい、私は残りの人生を黒い十字架を背負って生きることになってしまいました。ダディーをホスピスに残して家に帰宅。疲れ切る。ピザを食べ、コーラを飲み、風呂に入って、ようやくひと息つけるというタイミングでホスピスからダディー危篤との電話が。すぐにタクシーでホスピスに向かうも間に合わず。

ダディー、ホスピスに死す。

ホスピスなんて一日はおろか、半日もいなかったじゃないか。ママンなら「バカヤロー、お前はクビだ」と言うでしょう。体調が悪くなってから、一カ月もたたず、ダディーは亡くなってしまったのです。

あとでケアマネージャーのMさんから、ダディーがホスピスで私の名前を何度も呼んでいたという話を聞きました。

約束は守らないといけない。メロスは走らないといけない。走りたいけど走れないなんて嘘なのです、ピザ食ってコーラ飲んでんじゃねえぞ、そんな六畳間の走らないメロスとして、たいへん後悔をしております。明日からは走るメロスになる。

親が死んだ〝直後〟にどうするか

親が死んだあとの葬儀・手続き・相続に関する実用書は本屋に山ほどあるので、その中から気に入ったものを一冊買って読んだら、親が死んだらどうするかなんて一目瞭然で、悩むことなんてひとつもありません。本に書いてあることをひとつずつやっていくだけです。

ただ本を手に入れるその前に、死んだ〝直後〟についうっかりやってしまう、だめではないけれども、やってしまうとあとあと面倒になることがあるのです。親が死んだらどうするソムリエの私が厳選した、直後には「こうしたまえ」注意事項がこの五つです。

①死亡診断書のコピーを取っておく。
②葬儀屋選びは、生協かイオンでいい。
③一般葬ではなく、直葬にする。坊主、オプションは無用。
④遺書は開封しない。家庭裁判所で検認の手続きをする。
⑤銀行には連絡しない。

ひとつずつ解説していきましょう。

①死亡診断書はあとあと手続きで必要になる書類ですが、原本は葬儀屋さんに手渡してしまう書類でもあります。もちろん葬儀屋さんがコピーを取っておいてくれるはずですが、あ

らかじめ葬儀屋さんに原本を手渡す前に、何枚かコピーを取っておくと便利です。常に手元に死亡診断書のコピーがあるという状態にしたほうがいい。

②どこの葬儀屋がいいかなんて、なかなかわからない。どこがいいか、悪いかはわからないが、生協やイオンのお葬式なら料金がはっきりしていて安心です。こだわりがないのなら、それでいいと思う。

③直葬一択。坊主なし、オプションなし。これでちゃんとお別れはできます。家族だけ直葬をして、どうしても式をやりたい人はあとで、「偲ぶ会」なり「お別れ会」をすればいいのです。

④公正証書ではない、タンスの奥にしまってある、（封印してある）遺言書は開封せずに、家庭裁判所に持っていって検認の手続きをする必要があります。遺書を見つけて、おやおや、なにが書いてあるんだろうとビリビリやぶってしまうことのないように。

⑤親のキャッシュカードの暗証番号がわからないという理由で、銀行に電話をしてしまうと、その瞬間に銀行口座は凍結されて、一切のお金の引き落としができなくなります。これは困りますね。電気、ガス、水道などの名義変更の手続きが終わったあとで、銀行に連絡しましょう。これは必須、要注意案件ですよ。

みんなド素人、みんな赤ちゃん

二人いる親の片方が亡くなっても、ママンが亡くなったときも、とくに生活に変化はありませんでした。が、ダディーまで亡くなり、両親がいなくなると山ほどわずらわしい手続きをしないといけません。電気、ガス、水道、そのひとつひとつをダディーから自分名義に変更していくことからはじまり、管理組合とか、自治会とか、部屋のなかで息を潜めて暮らしていた人間にとって一切関わりたくないようなものの手続きまでしていくことになります。どうするか？

どうしていいかなんてわからない。自分だけではありません、みんながどうしていいかわからずにおろおろしているのです。相続手続きのために役所に戸籍謄本を取りにいくと、窓口には自分と同じようになにをどうしていいかわからず、おろおろし、なにもできず、窓口の人に要領を得ない、なにがわからないかわからないと質問をしている人がいっぱいいるのです。

法務局の窓口では、六十代と思われる男性が「誰が相続人かもわからない。どうしていいかわからない」とずっと嘆いておりました。法務局の窓口は居酒屋の片隅ではない。どうにもならない愚痴をこぼす場所ではないはずです。でも法務局に限らず、役所、税務署、家庭裁判所など、あらゆる手続きの場で、いい年した大人たちが、みっともない姿を惜しげもなくさらしているのです。

みんなド素人、みんな赤ちゃん。俺たちゃみんなファミリーなのです。こんな煩わしい手続きをするのは生まれて初めてで、しかも二度とすることはない。相続のやり方なんて知らないし、知ろうとも思わない。ただ今回一回だけ、無事に手続きをすませたいだけさ。勉強する気なんてないし、知識を身につける気もない、そしてお金はできるだけ払いたくない。

自覚してほしい。私たちは手続きをしているのではない、手続きを〝してあげている〟のです。我々の問題ではない、ド素人が手続きできる仕組みをつくっていない、アイツらの責任です。わからなければ専門家に頼めというのは変な話です。

わからなくて当たり前、できなくて当たり前、窓口であれこれ聞いて、相談窓口でうだうだする。駄々っ子人生。懇切丁寧な説明を受けたにもかかわらず、そうじゃねえだろというまちがった書類をワープロソフトでつくっては窓口に持ってくる、ええいじれったい、ここはこう書いてください、ここもこういうふうに書いてと、あれこれ言われて、言われるがままに修正しているうちに書類は完成するのです。

最初から司法書士とか税理士に頼んでおけば、このド素人のてんやわんやを、お金と引き替えにやらずにすむというわけですな。無駄な労力と時間の節約になる……でもそれでいいのでしょうか。

役所の窓口で、相続をどうしていいかわからない人たちがおこすカオスに、私は大衆の力を感じたのです。わからないぞ、できないぞ、お金もないから専門家に頼めないぞ、どうだ、まいったか、ガッハッハッ、そんな力強さを感じて、心がじーんとしました。プチ革命じゃないか。私も見よう見まねで、本やネットの情報を頼りにあれこれやって、書類をつくり持っていきました。窓口で「全然ちがいます」とか「漢字がまちがっています」とか言われたけど、すべての相続の手続きをやり遂げました。たいていは窓口の人が書類を正しく書き直してくれるのです。いやっほー、無料でできた。いやっほー、無能でもできた。よっぽど複雑な相続でないなら、Do it yourself　なんでも自分でやってみよう。できないって、楽しいし、気持ちがいい。ド素人がいちばーん。

ただし親族でもめたら、それは、相続ではなく争族、専門家に相談しましょう。もめた親族はもう親族じゃない、真の敵ですぞ！

第四章　御用当事者

社会的ピエロ。

ひきこもり三十年が生んだ「弱者の代表」

自立死援――六畳間の講演会

無料だったものを有料にする

私が、自立支援というキナ臭い言葉と出合ったのは、いまから十七年前のこと、ちょうど自立支援医療がはじまったときです。私は二十六歳のときから精神科に通っている大ベテランですから、その政策が開始されるという歴史的な瞬間に居合わせることができたのです。二〇〇六年の四月一日、障害者自立支援法が施行、自立支援医療ははじまりました。自立支援という名のもとになにがおきたのか、その恨みつらみをここで話していきたいと思います。

まずは健康保険について。普通の人の場合だと、たいてい三割負担ですよね、この三割負担を一割負担にするのが自立支援医療制度です。これだけを聞くと、自立支援医療はいいじゃないか、三〇パーセントが一〇パーセントになるんだから、ありがたい政策じゃないかと、あなたは思うかもしれませんが、でもそれはちがうのです。それより前の、つまり二〇〇六年の三月三十一日以前を知らないから、そのように勘違いしてしまうのです。自立支援法ができる前にも、似たような制度があったのです。それが精神保健福祉法の三二条、通院医療費公費負担制度です。

これが適用されるとどうなるか、三〇パーセント負担だったものが五パーセント負担になるのです。その残りの五パーセントも、私の住んでいる横浜市の場合だと自治体が負担してくれましたので、私は精神保健福祉法を利用することで、病院での自己負担額は〇円だったんです。もともと患者の負担はゼロだったものが、二〇〇六年の自立支援医療が導入されて、一〇パーセント負担になる。これが自立支援の正体なのです。自立支援というのは、無料だったサービスを有料にしただけなのです。これは、精神医療の診察代だけではなくて、例えば、福祉パス。これは障害者がバスや地下鉄に無料で乗れる定期券のようなものですが、これも自立支援法ができてから有料になりました。それまで無料のサービスを受けてきた人にとって、自立支援法とは、ただの有料化政策なのです。

だから、自立支援とはなにかと問われたのであれば、それは社会保障の削減もしくは廃止のこと、と答えるのが正解でしょう。それを言い換えて自立支援って言っているだけなのです。社会保障を削減すると言ってしまうと、さすがにパンチがありすぎるじゃないですか。自民党の総理大臣であっても、そんなことを所信表明演説では言えません。なんかほかの言い方はないかということで、自立支援という言葉を使うのです。

二〇〇〇年頃には、自ら「支援の仕事をしている」という言い方をしている人はいなかったという記憶があります。なんて言っていたかっていうと、「福祉の仕事」と言っていました。名前が変わったのです、福祉って言葉を使わなくなり、支援っていう言葉をさかんに使うようになりました。これはなんとなくとかじゃなく、はっきりと意味があってのことです。有料の自立支援が台頭し、もともとあった無料の福祉サービスを、訓練に置き換える際に、さすがにこれを福祉と呼び続けるのは無理があるからと、名前を変えたのです。

だから、望ましい支援だとか、よりよい支援なんてものはないのです。全部がマイナス。マイナスの大きい小さいっていうのはあると思いますが、そんなのは、赤痢とペストのどっちがいいかっていう話と同じで、そんなこと言うこと自体おかしなことだと思います。

ちなみに私は、ひきこもり当事者であり、精神障害の当事者でもあるのですが、当事者ってなんなのかっていうときに、私は、法律だとか、国の政策の影響を受ける人を、当事者だと定義しています。ここでもそういう意味で使います。特に悪い影響を受ける人、実際に苦しみを背負わされる人が当事者なんだっていうのが、私の言う当事者です。

ボールペン支援

ひきこもり支援とは訓練のこと、職業訓練のことです。職業訓練自体は昔からあって、ハローワーク（公共職業安定所）でも、ひきこもりという言葉がなかった頃からやっております。でも必ず雇用保険（失業保険）とセットで、つまり給付を受けながら訓練を受けるのです。職業訓練校に通っていると給付の期間も延びるのです。

コロナ禍だと当たり前のように、自粛と給付はセットだと言われますが、自立支援だと、そういうことは一切言われません。給付なしで、ただ訓練だけがある。いかがなものでしょうか。コロナ対策よりもひどいことをやって、それで平然としているのが自立支援の世界なのです。

民衆のみなさんは、自立支援なんて受けたこともないし、そういう人も周りにもいないでしょうから、就労支援がどんなものか、ここでその一例を紹介させていただきます。知っている人はよく知っているが、知らない人はまったく知らない、「ボールペン支援（訓練）」そんなものがあるのです。

まずは、ありふれた一本のボールペンを想像してみてください。そのボールペンの黒いキャップを外して、透明の軸をくるくるまわす、分解していきます。一本だけじゃあありません。ボールペンが箱に五十本くらいドサッとあって、目の前では支援者がタイマーを持って時間を測っています、その前でもくもくと分解作業をしていく、それがボールペン支援です。

私はいろんなところで、自立支援の一例として、ボールペン支援について話してきたのですが、みんな冗談だと思って、なかなか信じてくれませんでした。でも、このボールペン支援がテレビ（ETV特集『ひとのま　ある一軒家に集う人々』二〇一七年放送）で紹介されていたのです。門外不出っていうか、表の世界には出ないだろうと思っていた闇支援が、よい支援の一風景として放映されたのです。私はDVDに録画して大事に保管しています。ついにルパンを逮捕した、そんな気分です。

番組内の説明によると、ボールペンを使ったこの訓練は、制限時間内に何本のボールペンを分解できるかで、集中力や持続力など、自分の障害の特性を理解する、そのようなプログラムなのだそうです。知りませんでした。

就労に向けてボールペンを分解する。ひととおり分解できたら、今度は分解したボールペンを組み立てます。それを繰り返していく訓練。信じられないでしょうが、これはメジャーな支援で、ボールペンが怖いとトラウマになっている人も、いるとか、いないとか。ボールペン訓練なんかで、集中力・持続力が身について、就労につながるなんて、誰も本気で信じてはいません。なのに、なんでやるのでしょうか。

それは、支援スタッフの雇用を創出するためです。あなたが就労するんじゃない、支援スタッフが雇用されて賃金を得るために、就労支援というのは存在しているのです。公共事業というと、ヘルメットかぶってツルハシを持って、土木作業をするイメージがあるかも知れませんが、それだけじゃない。税金を国から民間にひっぱってくるのにはいろんな方法があるのです。

あなたをひとり支援すると、ひとりあたり一日八千円（根拠のない適当な数字です）とか、まあ、そんな程度のお金が、委託事業という形で、事業者に流れると思ってください。支援団体にとっては、あなたが売上なのです、あなたが利益なのです。あなたは魚屋の魚なのです。訓練が雇用を生むことはありません。だからいくら訓練したって就労にはつながりません。人を雇うのは、雇えば利益が増える状況のときだけです。人を雇って働かせれば、事業者の利益が増える、そういう状況が雇用を、つまりは就労を生み出すのです。ボールペンなんか関係がないのです。どうせ就労支援したって、雇用が生まれるわけではない、だからせめて経費がかからないようにと、書けなくなったボールペンの、世界で唯一の活用法として、あなたに分解させたり、組み立てさせたりしているのです。

事業者は支援をしていなくても、支援をしているフリをする必要はあります。だって国や自治体から、職業訓練という名目でお金をもらっているのですからな。

念のために言っておきますが、ボールペンだから悪い、ボールペンじゃなければいいという話じゃありません。就労支援なんて存在しないのです。原則的に、雇用があっての就労、雇用を生むのは企業の利益。ボールペンの分解はもちろん、訓練そのものが、就労に関与することはありません。景気が悪くなると、政府が雇用創出とかいって、私たちには一円もくれないくせに、あれこれ理由をつけて事業者にお金を配るのはこういうことなのです。

かける圧力のないロビイスト

ひきこもり支援において、就労支援だけではだめなんじゃないか、ちがうことをやったほうがいいんじゃないかっていう流れは出てきています。居場所だとか、相談事業とか、訪問支援だとかいろいろ出てきているんですけれども、私が個人的にキナ臭いと思っているのが当事者研究（当事者研究の研究も含む）です。

あれはなんか意見だけは言えるようになっているんです。自由になにを言ってもいい。で、聞いてもらえる。でもそれは、当事者と呼ばれる人が要求をしなくなってきたからなんじゃないかと感じています。

意見を言うだけの人。政策だったり物事を決める人たちが用意した場（ヒアリングなど）に、のこのこ出かけていって、自分の思っていることを言う、それだけなのです。

小学校や中学校の学級会を思い出します。決めるのは学校の先生であり、子どもは、学級会という場でいろいろ話し合うんですけれども、決められた範囲のなかでしか結論を出すことはできません。所詮自分たちは生徒でしかないと思い知らせるための会です。

決める人の前で、苦労話やら、病気や障害があってもこうやってみたらうまくいくよっていう話を、とんちを利《き》かせて、わかりやすく、おもしろおかしく、時には切実に語るだけでしょ。自分たちには決める力はない、決める場には参加できない。ただそういうところでユーモアをまじえてプレゼンをすることだけがゆるされている。

それを聞いたご主人様たちが、当事者研究はおもしろいね、なんて感心して、参考にして、どんな支援がいいかは全部あの人たちが決めるのです。それって変じゃないか。

例えば、障害者の権利であれば、「私たちのことを、私たち抜きで決めないでくれ」っていうのがひとつのスローガンです。政策や法律の影響を受ける当事者に決めさせろ、決定に参加させろっていうことが大事な目的なわけであって、なにか発表の場を与えられて、そこで決める人たちに影響を与えられたらいいなっていう、決める人の面前で生ぬるいパフォーマンスする人が当事者だというところに、巧妙に当事者が乗せられてきている気がします。

不登校とかひきこもりなんて、いままで一切相手にされてなかったけれど、時代の流れに乗っててか、審議会だとか検討委員会だとか国のヒアリングとかに呼ばれて、のこのこ出かけていき、ちょっと苦言を呈《てい》したり、忌憚のない意見を述べて、議員に影響を与えた、一歩前進した、と思い込む。でもこんなことを一歩前進だととらえていることが、一歩も二歩も後退しているんじゃないのか。

決める場に自分たちも参加させろって要求しなくなったから呼ばれているだけなんじゃないか。自分たちに決める権利がないのが当たり前だって思い込んでいるから呼ばれるようになったんじゃないのか。

キミは〝御用当事者〟として呼ばれただけなんじゃないのか。

教育機会確保法という法律ができるとき、不登校のフリースクール関係者が、審議会だの検討委員会だのに呼ばれて、あれこれしゃべっているのを見た経験があるので、そのことをいま強く感じます。

かける圧力もない人間が、背後に誰もいない人間が、議員会館に行ってロビイスト気取ったところで、陰で議員と官僚に笑われるコメディアンにしかなれません。

市民が決定に関与するっていうことを、みんなが嫌っているというのも、ひしひしと感じます。一般の人より、専門家の意見をありがたがる風潮です。裁判員制度とかもいまいち人気がないじゃないですか。法律もなにもよく知らない人が決めるっていうのは、ちょっとまずいんじゃないかって気持ちを抱いてしまう。そういうのが当事者のなかにもあって、そういう大衆の民主主義嫌いの性質を上手く利用されていると感じます。

支援ではなく死援

私は自立支援ではなくて、「自立死援」というふうに、支援の支を、英語の death の死にしたほうがいいと思っております。

そもそも自立支援っていう言葉自体がおかしいのです。ためしに、自立っていう言葉を辞書で調べてみると、細かい表現はちょっとちがうのですが、自立とは他からの助けを借りないでやっていくこと、というふうに書いてあります、それが自立の意味です。じゃあ支援の意味はなにかと辞書で調べてみると、困っている人を助けることとなっています。

自立は、他の助けは借りないでやっていくこと。支援は、困っている人を助けること。これをくっつけて自立支援って、そんなのおかしいじゃないですか、どうやってもくっつかない。これでは、困った人を目の前に、立ちすくむ以外なにもできないじゃないですか。本来つながらないものを、一休さんのとんちが必要なレベルで、無理やりくっつけているのです。

困っている人を助けなければまちがいなく、死に近づきます。だから、自立支援の「支」を「死」にすべきです。そうすれば意味が通じるし、やっている人も、自分のやっていることは支援でなく、死援なんだという自覚が持てるようになるでしょう。そうなれば支援者と称される方々も、二度と、よりよい支援だとか、わけのわからないことを口走らなくなるはずです。

その結果、建設的に、社会の構造そのものを変えようとする有意義な活動がはじまるか、それとも居直って、死援者は悪代官となり、セコい小規模のゼネコンとして既得権益づくりにはげむか、それはわかりません。

やはりカネが、国から当事者ではなく、国から死援事業者に流れている限り、カネにむらがる死援者はいなくならんというのが私の結論です。全部、お金の流れが悪い。国の税金を民間事業者に流すのではなく、当事者に直接給付という形で渡さないといけないのです。

代表者について

当事者である限り、代弁者になることはありませんが、代表者にさせられてしまうことはよくあることです。

例えば私がなにか話したり、なにかを書いたりすれば、それは聞き手や読み手によって、ひきこもり当事者というカテゴリーに分類され、私という個人はどこかに吹き飛んでしまいます。社会的地位が低いカテゴリーに属していると、なにを言ってもひとつの弱者の声として扱われるのです。

社会的地位が高ければ、有識者、オピニオンなんていう個人になれるのかもしれませんが、ひきこもり、不登校、ニート、外国人、ホームレスなど、そんなカテゴリーに属していれば問答無用で自分の言うことは聞き手により、それらの代表として処理されてしまいます。好意的な場合でも、否定的な場合でも、そのカテゴリーの人はそういう考えを持っているんだとして扱われるのです。

こうなっては代弁者とたいして変わるところがありません。対策を取らず、放置しておけば、役割が固定化していき、いつもの質問に、いつもの答えを語る、御用当事者のようなものになってしまいます。カテゴリーの代表とは自らなるのではない、聞く側によってさせられてしまうのです。

とある男性は、自らをひきこもり名人などと珍妙な肩書をもって名乗り、代表されることを回避しようとしておりました。彼は代表にこそされはしませんでしたが、調子に乗って兄貴風を吹かせたために誰からも相手にされなくなり、甥っ子とポケモンカードをして過ごしたのち、現在は毎日図書館に通って本を読んでいる日々だとか。代表にはさせられずにすみました。ただの変なおじさんとして一部に定着をしただけです。ほかの誰でもありません。私のことです。でも、私はこれでよかったと思っているのですよ。

社会的地位の低い者の代表とは、結局、その他の九九パーセントを無視するための道具にすぎんのです。国や地方自治体がやる検討委員会、審議会なんてものに、ヒアリングだなんだと呼ばれて話したところで、中央にとって都合のいい部分を、当事者全員の要望というふうにすり替えられて、利用されるだけなのです。

決定権を持っていないから、代表として扱われるのです。中央の力を強めるのに好都合だから代表にさせられているのです。中央の決定にお墨付きを与えるための一パーセント、それが〝弱者の代表者〟の役割なのです。

弱者という言葉も、マイノリティという言葉も、できれば使いたくないものです。でもヒアリングの場にのこのこ行って、自己肯定感が大事だとか、居場所がほしいとか言ってしまう御用当事者というのは、やっぱり文字どおり弱い立場の、上下で言えば下の、貧乏で社会的地位の低い者のなかから誕生してしまうのです。

当事者の声を聞け、というスローガンは危《あや》うい。国が、じゃあ聞いてあげるとヒアリングに呼ぶからです。政府は当事者の声を聞きます。私たちにとってなんのメリットもない法律をつくるときの仕上げとして、法律成立前に御用当事者を呼んで、厳しいご意見をうかがって、そのなかから本筋にはなんの関係もない形だけのひとフレーズを多様な意見として法律に織り込んだあと、権力者は堂々と自分たちがつくりたい法律を完成させるのです。

このヒアリングの呼び出しを断ったとしても、話を聞こうとしたが弱者どもは来なかったということになり、それはそれで価値があるのです。やるだけやったというアリバイになるのです。将棋でいうところの、王手飛車取りですな。そもそも、かける圧力もないのに議員会館をうろうろするロビイストまがいの行動が自殺行為なのです。

無理、拒否、お断りの非協力が、社会的地位が低く、数の少ない私たちの力を強めるのです。私たちになんのことわりもなく、勝手につくったあれやこれに従わない大いなる理由となるのです。

でも現実は、行政との協働が大事だと言って、自ら擦り寄っていく御用当事者があとを絶ちません。政治家、官僚、行政が自分たちの声を聞いてくれた、社会がよくなる第一歩だと喜び、なにかやった気になるのです。

背後に誰もいない何者かの発言ひとつによって、国の政策が変わってしまうなんてことは議会政治の国ではありえません。法律も政策も過半数を占める与党がつくり、それが成立するのです。私たちはただそれに従わされるのです。私たちにできることは駄々をこねることだけ。権力者から、あの人たちは文句ばっかり言ってなにもしない、と言われるようにならないといかんのですよ。

組織のなかで個人としてがんばっている人について

国や行政に対して、問題点を指摘して批判すると、どこかの誰かが必ず言う、改革の意気を挫《くじ》き、押しとどめる、現状維持賛成のマジックワードがありまして、それが、個人としてがんばっている人がいるというものです。似たような言い方としては個人として良心的だとか、尊敬できる人がいるとか、まあいくつかパターンがありますな。

個人としてがんばっている人がいる、の言わんするところは、批判ばかりしていないで応援しろとまでは言わないけれども、とにかく悪く言うばかりが能じゃねえだろ、という方向に話をぐいっと持っていき、気づけば問題点を指摘して批判するやつはクソ野郎だ、建設的でないといった具合に、世界の片隅に追いやる、つまり我々がいつもやられているアレなのでございます。

で、私は、この詭弁にはきちんとした対策が必要だなと前々から考えておりました。いったいなんなのか、あまり出会ったことがない、個人としてがんばっている人とは。

どんなところでも、国や行政や企業のなかにも、個人としてがんばっている人、良心的な人、尊敬できるような人はいるでしょう。甘めに見積もっても一〇〇人のうち三人くらいはいる、とします。

だからなんだというのですか。国や行政と直接やり取りする当事者にとって、相手になるのは、いつだって、がんばらず、偏見を持った組織としても個人としても尊敬できない人たちばかりじゃないですか。

腐った組織、制度、構造のなかで、個人がいくらがんばっても、なにひとつ報われない、それが組織であり制度ではないでしょうか。がんばっている個人が制度や組織を乗り越えて、自分の考えを自由に実現できるのであるなら、その制度は機能していないのです。

がんばる人に同情して、問題点の指摘や批判をやめたり、ゆるめることとは、腐った組織を喜ばせ、腐った制度を維持させることにしかなりません。なかの人の個人的ながんばりというのは立派ではありますが、そのことと問題点を指摘して批判することとは関係がありません。批判はどんどんやるべし、文句は言うべし。そのほうが中身のない応援より、実のあるフィードバックになるのですよ。

ひきこもりに忍び寄る極右の影

ツイッターというSNSを十三年ほどやっていますが、このたびはじめて元自民党の国会議員にフォローされました。上野宏史《うえのひろし》氏です。どんな人物だろうと、グーグルで検索して調べたところ、口利き疑惑報道を受けたあとに、病気を理由に雲隠れ、説明責任は果たさず、知らぬ存ぜぬを決め込んで逃げまわるも、結局は政務官を辞任させられて、その後の選挙で落選したという、〝元〟衆議院議員という名の無職であることが判明しました。ほうほう、たいそうグレーですのう。

この〝元〟議員が「ひきこもり支援推進議員連盟」の設立に事務局として携わったと、誇らしげにツイートしているのです。きっと上野氏は、ご自身の疑惑、辞任、落選の心模様と、ひきこもり状態の不安や生きづらさとを重ね合わせ、いてもたってもいられずに、事務局に携わるようになったのでしょう。

このような経歴を持つ自民党議員のフォローなんて無視しよう、放置しておこう、なんてことは全然思いません。ひきこもり界の粘着王として、疑惑、辞任、落選のキーワードとともに上野氏のつぶやきを引用リツイートしてやりました。

即フォローをはずされました。

でもブロックはされなかったので、これからも上野氏をウォッチさせていただきます、なーんて、これだけでは終われません。がぜん興味が湧いてきた私は、さらに粘着し、ネットで検索を続けると、そこに出てきた名前が、極右政治家の下村博文先生だったのです。ヤツが「ひきこもり支援推進議員連盟」の会長だったのです。

博文先生が不登校支援に続いて、ひきこもり支援という公共事業の利権に興味を持ちはじめるなんて……。ウェルビーやリタリコといった、キナ臭い企業による就労移行支援がはびこる世の中を象徴するような出来事です。

こんなウルトラナショナリストを会長とする団体が、ひきこもり関係者にヒアリングをしているという。こんなヤツのところに、のこのこ行く人なんているのかって？　いるんです、いまくるのです。

すでにヒアリングは八回（自民党の衆議院議員さいとう健HPより）もおこなわれていて、御用団体の御用当事者たちが、すでに博文先生の前でプレゼンをしておりました。

下村博文という狼の前に飛び出す子羊たち。おいおい、そんなヒマがあるなら汗水たらして働きたまえ。まるまると太った子羊が、狼の口めがけて飛び込んでいく、そんな状況を思い浮かべてほしい。

これは非常に深刻な事態です。御用当事者と極右政治家のコラボレーションが生み出すものはなにか、それは捏造された「当事者の要求」なのです。ヒアリングの目的もそこにあります。

事実、博文先生の公式ブログには「『ひきこもり基本法』の制定を強く要望いただきました」

と書かれています。

当事者の誰もそんなことを言ってない。博文先生が選んだ、博文先生の意を汲んだ、御用当事者がヒアリングの場で言っているだけなのです。ありもしない要求をつくりあげるフリー素材としての御用当事者というのが、いかに害悪かということがわかります。ヒアリングなんかに行ってはいかんのです。

現在の日本において御用のトレンドは、「学者」から「当事者」へとシフトしています。気をつけなくてはなりません。でも私とあなたときたら、いままでも、そしてこれからも、権力から一切お声がかからない当事者ですから幸せですな。ハブられてよかったですな。私もあなたも死ぬまで、権力の内側に入ることなんてないのです、ずっと安心ひきこもりライフです。

そんなハブられている私が下村博文先生の野望に気づけたのは、たまたま過去に、博文先生となかまたちがフリースクールを取り込み、不登校運動をつぶした実績を知っているからです。

不登校対策と言えば、アメよりムチ、なんとか学校に登校させるというのが、昔の文科省のやり方でした。でも二〇〇六年頃、政務官であった博文先生は、そのやり方よりもっとうまく管理する方法として、ムチではなくアメに切り替えたのです。

その後二〇一四年、博文先生自らフリースペースを訪問し、「このなかには、将来のエジソンやアインシュタインがいるかもしれない」と得体の知れないことを言って、フリースクール関係者を大喜びさせたりもしました。さらに、本丸である、教育機会確保法という不登校対策法をつくるときも、かねてより手なづけておいたフリースクール関係者を有識者に仕立て上げて、ヒアリングに呼んでは話を聞き、検討委員会やら審議会の委員にさせ、好き放題におしゃべりをさせていたのです。

博文先生はそのなかから都合のいいものだけを取り出して、それを「当事者からの要求」というこことにしたのです。これは当事者の声をでっちあげる常套手段なのです。でも、そう見抜いていながら、なぜ防げないのか。

「やる気のあるバカは千里先からでもはっきり見える」ということわざがあります（ないかもしれない）。だから隠そうにも隠せないのです。この人たちがまっ先に敵に発見され、訪問されてしまうのです。当時の安倍晋三総理がフリースクール東京シューレを訪問したのも、下村博文文科大臣がフリースペースたまりばを訪問したのも、そういうことです。

意義がないことを、あると思い込んでいる人たちの「やる気」が、災いの引き金となるのです。取り込むとはどんなことをするのでしょうか。このやる気ある人たちが運営しているＮＰＯ法人に、公設民営の名のもとに、委託事業という形で税金を流すのです。お金が流れてくるなんて、うらやましいですな。

最初の頃こそは、はした金なんかで権力に取り込まれないぞと警戒していますが、何年ももらっているうちに、税金を当てにするというか、委託事業に完全に依存するようになります。もし国からの予算を減らされたり、廃止されたら、長年いっしょにがんばってきたスタッフを人員整理しないといけないという状態にいつのまにかなっているのです。

そういうふうにさせておいて（仕込みに約一〇年）、博文先生は自分たちがやりたいことをはじめるのです。助成金依存症になったフリースクール団体は、実質、文科省のやることに賛成することしかできなくなります。

行政の下請けでは対等な関係になんてなれません。本来、行政とは対立するものですが、委託事業者では、そんな市民的な態度を保つことはできず、行政に協力することしかできません。市民と行政の中間に立つ事業者は、ちっとも中立ではなく、国や行政を市民の批判から守る防波堤なのです。事業者が、国の代わりに言い訳を並べ、自分たちがやっていることに価値があると、相手にも自分にも言い聞かせるための、つじつま合わせばかりをすることになります。

博文先生となかまたちは、それはそれはもう立派すぎるくらい政治感覚のある本物のプロフェッショナルでした、それはいまも変わらないでしょう。矛先を不登校からひきこもりに変えたにすぎません。子羊である我々はどうすればいいでしょうか。

逃げるしかない。逃げることは行動そのものだ。地下に潜って、自宅ゲリラになりなはれ。権力からは距離を取りなはれ。どうしてもなにか、逃げる以外の行動をしたいのならば、ゴリッとした圧力団体をつくりなさい。呼ばれるのではなく、下村クンを呼び出して、アツをかけるのですよ。

御用当事者になりたいキミへ

御用当事者を批判するよりも、いっそ自分が御用当事者となってしまったほうが、世のため人のため、万事うまくいくのではないのか……、このまま六畳間でひとり正義を貫く〝清らかなひきこもり〟のまま、洞穴のなかで一生を終えていいものなのか。

御用当事者になってみようかな。

対立するのではなく、支援の枠組みのなかで、支援を利用して税金を取り返す。ひきこもりシャンパンタワーの最下層のグラスとなり、おこぼれにさずかる。御用はズルいだなんて、ひがむのはやめにする。直接給付だなんて夢みたいなことは要求しない。五十歳過ぎて不登校・ひきこもり業界からハブられて、一円ももらえない、ベーシックインカムが大好きな、どこかの夢おじさんになんかなりたくない。賢く生きよう、したたかにうまくやろう。もらえるものはもらおう。利用されているふりをして、逆に利用してやるんだ。権力に取り込まれるんじゃなくて、権力に食い込み、内側からその腹を食い破るんだ。行政に媚びるやつが得をして、批判的な人が損をする。正直とはバカのことだ。よし、いっちょ、ここは腹を決めて、厚生労働省の前で「アイ・アム・御用当事者」のプラカードを高々と掲げてみよう。助成金よ降ってこい、カモーン委託事業。審議会・検討委員会に呼ばれたーい、ヒアリングされたーい。私なら誰よりうまく、相手がほしがっている言葉を与えることができる。政府や行政へ苦言を織り交ぜつつ、相手がほしがっている「当事者の声」を捏造できる。支配する側をおびやかさずに、当事者の声を聞いたというアリバイづくりに協力できる、そんな人材になれる。

御用当事者になろう。公設民営、官民協働、ウェルビーイング、ピア、当事者研究、ＳＤＧｓ、そういうものに便乗して社会をよい方向に変えていこう、なんて思ったキミへ、その可能性はゼロだということを伝えたい。

法律をつくる前に議員会館などで開かれる審議会や検討委員会のたぐい、あれはいったいなんなのか。あそこに呼ばれる御用学者・御用当事者が法律をつくるわけでも、政策を決めるわけでもありません。選挙で選ばれていないアイツらが、法律や政策に影響を与え、国を動かすようなら、日本はもう民主主義国家でもなんでもありません。じゃあ、法律をつくる前にいつもおこなわれる審議会や検討委員会とはなんなのか。

法律プロレス、もしくは政策プロレスです。国民が反対しそうな法律をつくる前に興行として議員会館などで開催されるプロレスショーなのです。だいたい変でしょ、専門家を集めたと言いますが、その全員が権力におもねる御用ってありえないでしょ。

審議会や検討委員会に呼ばれる「有識者」とは、覆面レスラーのようなものだと思ってもらいたい。アイツらは悪徳マネージャーに率いられて登場する覆面レスラーなのです。だけれども審議会に集まる人たちに向かって、アイツらは御用だ、なんて言うことはご法度《はっと》ですよ。公然の秘密となっているのです。

有識者の先生方を、御用だなんて言ってしまうことは、新日本プロレスのリング上において、覆面レスラーに向かい「お前、平田だろ！」と言ってしまうのと同じくらいありえないことなのです。関係者だけでなく、ファンも、あの覆面レスラーが平田だとわかっていたとしても、ストロング・マシーンだということにしないとプロレスなんて成立しないのです。

真実が見えていて、王様は裸だ！　お前、平田だろ！　そんな真実を言ってしまうような学者や当事者は、中央から拒絶され、迫害されます。一生、審議会になんて呼ばれません。ヒアリングに呼ばれるのは真実が見えていない者だけ。そのような理由で私やあなたは一生御用当事者にはなれないのです。

真実が見えない〝ふり〟をしてもだめですよ。ほんとうに真実が見えていない〝天然〟が議員会館をロビイスト気取りでウロウロしているのですから、偽物が入り込む余地なんてないのです。

御用当事者・御用学者の役割は、覆面レスラーの役割と同じ。ベビーフェイスを勝たせること。人気レスラーをひきたてるのが覆面レスラーの役割です。政治家、官僚、大企業を引き立てるために彼らは仕事をしているのですよ。

つじつまを合わせない

過ちを改めないことが過ちである　孔子

賢者のまちがいというのは一瞬のこと。なぜならすぐ更新してしまうからです。君子豹変するとは、こういう理由なのです。

一方、愚か者はと言いますと、これはたいそう頑固ですな。まちがいを指摘されると、恥をかかされたと逆恨みして、過ちを改めるのではなく、完全にまちがいというわけではなかったと言わんばかりに屁理屈をこねる自己弁護士となります。だから過ちはいつも最高裁まで温存されてしまうのです。そして過去の過ちと、現在の自分とのつじつまを合わせるために、過去のまちがいはまちがいではなかった、かのように見せるためにエネルギーを使ってつじつま合わせをするのです。

愚か者にある山ほどあるまちがい。昔こう言ってたじゃねえか、いま言っていることとちがうじゃねえかと、言われながら生きていくのはたしかにつらいものです。身に覚えのない人は幸せです。

でも、つじつま合わせの誘惑を断ち切って、みっともない過去を指摘されまくりながらもやっていくしかありません。それをやった偉大な人物がいます。

俺たちのガンディーです。インド独立の父、聖者ガンディーこそ、愚か者に勇気を与えてくれるロールモデルなのです。

「自由以外にほしいものはなにもない」と鼻息荒くインド独立のために闘ったマハトマ・ガンディーしか諸君らは知らないでしょう。でもそれは後年のガンディーでありまして、その前はどうだったかというと、支配者であるイギリス、大英帝国の力を利用してインド独立を考えていた、おめでたい御用インド人だったのです。

御用インド人ガンディーは、ニヤニヤしながらイギリス相手に揉み手外交していました。衛生兵としてイギリス軍に協力し、植民地支配に抵抗する人たちの〝弾圧のお手伝い〟をしていたのです。しかも四回もイギリス軍のために義勇軍を結成し、出兵していたのです。みっともねえとはこういうことですな。独立の父でもなんでもない、強いものに媚びへつらう卑しいインド人です。

ガンディーはその後、生涯にわたって、この黒歴史を指摘され、言っていることとやってきたことがちがう、お前のどこが非暴力なんだと、民衆からつっこまれ続けていたのです。だめ人間ガンディー。でも、その後がちがうのです。我々凡人と違うからこそ、聖人なのです。ガンディーはまちがえました。が、けっして過去とつじつまを合わせるようなことは一切しなかったのです。過去のまちがいと、現在の自分のやっていることとの整合性を取るなんてことはしなかったのです。

私はまちがえました、そしてこれからもまちがえます。でも、いまやっていることがすべて、それで判断してもらいたいと居直ったのです。

だめ人間だもの過ちは犯します。でもまちがいを経て現在にたどりついた、自分にはその道しかなかった。どんなに批判されても、つじつま合わせはせずに非暴力不服従の理想実現に邁進したのです。

えらいぞ、ガンディー！　よっ、インド一《いち》。ガンディーの徹底した非暴力の思想というのは、ちょっとついていけないくらい壮大ですが、過去のカンディーが、世界一みっともない御用インド人だったというルーツを知ると（ちなみにガンディーは内気な性格のためインドでは弁護士として成功できなかったというエピソードもあります）、ああそうかとわかる気がします。そこまで堕ちたのなら、そりゃもう、自由以外いらねえよなと。

さんざんニヤニヤ外交で強い者に媚びへつらい、ぺこぺこ頭を下げて、有色人種弾圧のお手伝いまでして、そこまでやってもインドは独立させてもらえなかった。そんな現実を肌身で味わい、ガンディーも御用根性を捨てるにいたったのです。糸車をまわして、白い布を身にまとい、細い木を杖として歩きまわる、みなさんご存知の、あのガンディーにたどりついたのです。

私は偉大なガンディーよりも、こんなダサみっともないガンディーのほうが好きです。とても勇気づけられます。私もガンディーにならって金輪際、つじつま合わせなどしないことをここに誓いますぞ。

第五章　パワー・トゥ・ザ・ひきこもり

いかんの〝い〟を表明。

支援者にだけお金が流れる構造

ひきこもり要求論

要求とは、言っても無駄なこと、実現しそうもない、させてもらえそうもないことを、堂々と胸を張って言い続けることです。

予算がない、いまはできない、現実的ではないと言われて、えっへっへっと照れ笑いで、それならこれはどうです、いやこっちならと言って差し出すものは要求ではありません。それは相手の要求を受け入れているだけなのです。

これを権力相手にやってしまうようでは、日本もおしまいです。びびってセコい偽要求をするのは害悪でしかありません。

なにが居場所だ、なにが子ども食堂だ、ただの中抜き業者じゃねえか。

直接給付しか、わしは認めんぞ。

ひきこもり基本法——悪の予防

来年、ひきこもり基本法が成立する。これは予言であって、いかがわしい呪術師が語る占いのようなものですが、当てる自信はあります。

裏金統一教会自民党議員が、ひきこもり支援推進議員連盟なるものをつくって、議員会館で怪しげなヒアリングをおこなっている。そんな噂が……なんていうのではなく、私のツイッター（現X）のおすすめタイムラインに下村博文先生のツイートが流れてきてしまうのですよ。無視するわけにもいかず、義務感からウォッチしておりました。

やっておるな、真っ黒い議員たちが。官僚を使い、バカを洗脳して味方につけるという、いつもの活動をはじめている。でも私は騙されないぞ。なんて身構えておりましたが、一切相手にされません。ならばこっちから行くしかない。

二〇二四年四月二十六日、衆議院議員会館で「ひきこもり支援に関するシンポジウム」が開催されました。下村博文の挨拶ではじまったこのシンポジウム、私の目的は御用団体を見極めること。はてさて裏金議員たちと横並びで壇上にあがる者は誰なのか、発表しましょう、それは、ＫＨＪ全国ひきこもり家族会連合会&ひきこもりＵＸ会議の代表者たちです。トホホ……残念ですが現実であります。

裏金議員たちがやりたいことはなにか、それはズバリ、ひきこもりの〝早期発見〟です。実際に下村博文となかまたちはその後の六月七日に、厚生労働大臣らへ「ひきこもりの定義の見直し」を求め、提言を手渡しています。

早期発見のためには、現在のひきこもりの定義「六カ月以上、ひきこもり状態にあり」というのが邪魔なようで、そこを変えたいようです。「ひきこもり支援ハンドブック（仮）」なるものも制作中らしく、そこで定義を変える可能性があります。

さて、マニア向け情報はこれくらいにして、六カ月では長いと判断し、ひきこもり認定されるまでの期間を短くすることの意味を考えていきましょう。

そもそも、どれくらい短くするつもりなのか。三カ月、二カ月、一カ月、いやいやそんなもんじゃないですよ、これは兆候を見逃すなという話なのです。不登校がひきこもりの兆候であるならば、それをさらにさかのぼり不登校の兆候を見逃すなという話なのです。

これはウォッチャーである私の推測であります、でも彼らが早期発見をひとつの目標にしているのは現実です。下村博文 with 御用団体が、ひきこもりを予防すべき悪と見なしていることはまちがいありません。手遅れの状態にさせないこと（私たちのような人間を生み出さないこと）、そのために早期発見する、それが「ひきこもり基本法」のゴールなのです。

私もあなたもアイツらから見れば社会的ひきこもりではなく、すでに手遅れの「末期的ひきこもり」なのです。なんでこんなになるまで放っておいたんだ、こうなる前の状態でなんで連れてこなかったんだ、悪の花が咲くその前に、芽のうちにつみとっておかなきゃいけない。ひきこもり、不登校、失業者、ひとり親、がん、虫歯、障害者、非行少年、不法滞在外国人、野宿生活者、それらの〝生産拠点〟をツブすために早期発見が必要なのです。

で、具体的になにをやろうとしているのか。主だった支援（死援）メニューとしては、伴走、調査、訪問が、現在ブームであります。ではそのひとつひとつを点検していきましょう。

伴走支援。このネーミング自体どうかと思います。みんなピアノの伴奏の、あの「伴奏」と「伴走」を勘違いしているんじゃないのか。伴走っていうのは駅伝かなんかで、走っている選手を後ろからどやしつける、車に乗った怖ろしい監督（イメージはヒゲとサングラス）がやることでしょ。順調に走っているときは、いいぞ、そのままのペースで、とやさしいですが、タイムが遅かったり、歩いたりなんて場面になると鬼と化して、はやく次にタスキを渡せと連帯責任をちらつかせ、あの手この手で走らせようとするのが伴走です。伴走支援されるということは、基本的に鬼監督に怒られないように走り続けることなのです。駅伝選手が、走れなくなるとか、歩くというのが、駅伝版ひきこもり状態なんだと想像してほしい。ヒゲサングラスは伴走によって駅伝版ひきこもりを予防しているのです。

また伴走支援は、一度悪に染まった人間はまた悪に染まりやすいという偏見にもとづいて、再発防止に重点を置いております。一時的に悪の状態を脱して、学校に行った、アルバイトをはじめた、そんなので安心していたら伴走なんぞ務まりません。逆にそこが一番危ないんだ、あの根性無しどもは、目を離せばまた歩くに決まっている、と鬼監督は走っている選手を一切信用せずに、伴走という形で見張り続けるのです。

しかし当たり前のこととして、人生をマラソンに喩《たと》えるのはかまわないですが、実際の人生はマラソンでも駅伝でもありません。人生に鬼監督の伴走が必要なのでしょうか、必要ありません。鬼監督に税金を流して、支援のお金が鬼監督の人件費として使われてしまっていいのでしょうか、よくありません。そもそも支援とは困っている人を助けることであって、困ってない人を見張ることではありません。伴走は支援になりえないのです。

調査。ひきこもりの実態調査に関しては、三つのタイプがあります。ひとつめは、行政がおこなう全数調査、もしくは標本調査（サンプル調査）。まあたいてい内閣府がやっているような統計学にもとづいた標本調査になります。ただ全体に占めるひきこもりの割合が少ないので（二パーセントくらい）、詳しいことまではわからないような気がします。気がしますというのは、たいそういい加減なもの言いですが、でもなんでもかんでも調査できると思い込んでいるから、的はずれな数字が世にはびこっているのです。

ふたつめは、これも行政がよくおこなう、民生委員を対象にしたアンケート調査です。民生委員はなんでも知っている、ということなのでしょう。民生委員を通じてひきこもりの実態を知ろうという、お手軽調査というか、「とりあえず低予算でやっておこう調査」です。こんなのが行政の調査の半分くらいを占めているのですから、困ったものです。このアンケートの結果、はじき出される数字にはなんの意味もなく、文字どおり民生委員に聞いてみただけという調査です。

このバリエーションとして、民生委員が親の会の会員に変わっただけの調査等もありますが、構造的には同じことで、手短なところにいる知っていそうな人に聞くだけ調査の数字に意味はありません。偏りがあるとかいうレベルではなく、似た者同士の似たような意見がたくさん集まるだけです。

さらにみっつめ、ＩＴ社会を象徴する、インターネットなどで募集して「答えたい人だけが答える調査」です。全数調査なら誤差はないし、標本調査なら誤差がプラスマイナス何パーセントかはっきりしていますが、答えたい人だけが答える調査では誤差は不明。そのような数字には（回答数がどんなに多くても）意味はありません。そもそも、こんなインターネットのアンケートで実態がわかってしまうなら、全数調査も標本調査も必要なくなってしまいます。意味のない数字から導き出される結論は常に（まぐれがおきない限り）まちがったものになります、だからこのような「答えたい人だけが答える調査」はやらないほうがいいのです。

じゃあどうやって調査すればいいのか、なんて逆ギレなさる前に、やらないほうがいいことを、マイナスになることをやめることです。まずは害悪をゼロにすることからはじめてほしい。これだけでも価値があります。マイナスがゼロになることは、借金がゼロになることと同じくらいの意味を持つ、なのに、そうしようとはしないところが現実のキビシイところですな。マニアでない限り、調査方法まで関心を持たないし、持ったとしても誤差の意味がわからない人が調査をしていて、自信たっぷりに実態調査だと言い張って発表するのですから。

ついでに余談ですが、「具体的な数字」について。たいていの場合、具体的な数字をあげて話をすれば、説得力が増すというものです。でもネットで、国や行政がやっている、ひきこもりに関する調査のＰＤＦをダウンロードして読んでみると、ほぼ全部、これはちょっと鵜呑みにはできない数字だなということになります。

例えば内閣府のひきこもり調査。あれは「こども・若者の意識と生活に関する調査」なのですが、知っていましたか。調査対象は、「こども・若者」であって、ひきこもりではありません。年齢別に二パターンあって、調査方法は微妙にちがうのですが、おおらかに一括りにして報じられているのが、約二パーセント、推計一四六万人という数字です。人数や男女の比率はこれでいいとして、問題はこのあと、この調査を流用し、調査対象ではないひきこもりを分析した数字について、語ることです。調査対象と分析対象がちがうじゃないか。ほかにも、調査票の質問内容を読んでみると、自分だったら、こんなプライバシーに深く関わること、例えば病気のこととかを素直に答えるだろうか、と考えたりもする。

調査を疑う。データの信憑性のあるなしは、新聞やネットの記事だけではわかりません。PDFおじさん（おばさん）にならないといけない。でもよう、やらない人間がジャーナリストとか研究者とか呼ばれているのがひきこもり業界の現状でしょ。国のデータを批判的に分析すれば、一円にもならないうえに、文句ばっかり言っている人にされてしまう。

これに絶望しないやつはバカだよ。現実はこうなんだと諦めないやつはバカだよ。そして、そのバカが私なのです。怪しい統計（？）をもとにした、数字、グラフをゆるさない。PDFおじさんの日曜研究で確かめた数字の上に、「豊かな空想」は存在している。そのことはお知らせしておきたい。


訪問支援。まずいラーメン屋の出前サービスのこと。支援の押し売り。まずいラーメン屋に客が来ないのは当たり前のことで、味とサービスをよくする以外に客を呼ぶ方法はない、はずですが、ひきこもり支援の世界では、まずいラーメン屋は味とサービスをそのままに出前サービスをはじめます。彼らはそれを訪問支援と呼んでおります。

ひきこもり支援の予算は、すべて支援者への人件費で消えていく。だから支援者にとって支援は大切です。だから協働事業のなんとかセンター（ひきこもり地域支援センター、若者支援サポートセンター）は、いつも閑古鳥（カッコウのこと。鳩時計の鳩はカッコウ）が鳴いています。ホッホー、ホッホー。でも大丈夫、まずいラーメン屋にとって、私たちは客ではありません。委託事業者にとっての客は、助成金をくれる国や地方自治体なのです。当事者なんかひとりも来なくたって、税金が自分の懐に流れてくれれば経営は成り立つのです。とはいえ税金ですから、うざい市民《オンブズマン》の目を欺く必要はあります。見せかけだけでも成果は必要です。自前のリサイクル店やクリーニング屋でただ働きをさせて成果だと言い張るのにも限界があります。そもそも閑古鳥が鳴き、人が集まらないのです。そこで彼らが考えたのが、来ないならこっちから行ってやると、呼んでもないのにやってくる、支援の押し売り、訪問支援をはじめたわけです。注文してもいない、食べたくもない、まずいラーメンを「へい、お待ち」と出前する。玄関で拒否される。でもいいのです、まずいラーメンの代金は国や行政が支払うのです。ひきこもっていて外に出られないという報告書を書けば、それが成果となるのです。支援をしているフリができるのです。インターホンを鳴らし、ドアをノックして、無視されて帰ってくる。これが訪問支援の実態です。いかがなものでしょうか。随分と楽な商売があるものだ、自分もやりたいなんて、そんなことを思っちゃいかんですぞ。

そのほか、相談や啓発などの支援につなげようとする広報活動にもはした金は流れます。はした金だというのも重要で、ごく一部の団体にお金が流れるだけなのです。ひきこもり基本法ができたところで、ほとんどすべての人には一円も流れない。私にもあなたにも、未来永劫一円も流れません。ゲッツできない、まちがいない。

じゃあどうするかってまた聞くのだろうけれども、一番は協力するなということ。それともうひとつは、たいへん残念なことで気乗りしないことですけれども、地道にやっていくことです。地道。ツライ言葉ですな。我々が一番苦手で、人生で一度もやってこなかったことであります。

地道にやるということは、議員や官僚の「横」に座らない人生を歩むということ。裏金議員たちと「向かい合って」座り続けることです。強い者、社会的地位がある者、有名な者に発見してもらい、壇上に引き上げてもらうことを期待しないこと。もう親の会を当てにするなんてやめなはれ、社協なんかに頭を下げるな、議員会館をうろついて裏金議員に陳情なんかするな。そんなことを、やればやるだけアイツらの力は強くなって、私たちの力は弱くなるだけなのです。すでにもう極限まで弱くなっているし、いまからなにをやっても遅い、と断言できますが、手遅れの状態、なんでこんなになるまで放っておいたんだって言われるような状況こそ、私たちの持ち味が発揮される場面でもありますから、これからも、いつまでも、ネチネチと粘着していきましょう。

藤里町《ふじさとまち》が心配だ

ＮＨＫクローズアップ現代「ひきこもりを地域の力に～秋田・藤里町の挑戦～」で放送された新しいひきこもり支援の実態を見て卒倒したのは二〇一三年のこと。残念ながら現在は映像を見ることはできません。もう昔のことだ、ネタとしても古すぎるし、忘れ去ろうかとも考えましたが、あいかわらず「藤里方式」だなんだと一部で注目され続けているとの情報を耳にしました。いかがなものでしょうか。

藤里町のひきこもりに対する取り組みは、どう見ても支援ではありません。番組内では、菊池まゆみという社会福祉協議会の人間が、一軒一軒しらみつぶしに家を訪問し、ひきこもりをあぶり出していきます。その姿は『アンネの日記』に出てくる、ユダヤ人を探すナチスの親衛隊にしか見えません。

いったいひきこもりがなにをしたというのでしょう。この村（町）には、プライバシーという概念がないのでしょうか。生活情報はだだもれで、あそこにひきこもりがいると、村人の密告が菊池氏のもとに集まります。

自治会や民生委員、ＰＴＡなどのネットワークを活用し、広く情報を集め、一人ひとりのリストを作成するといった具合に、守秘義務を放棄してのやりたい放題。個人情報を流出させ、ひきこもりブラックリストをつくって管理しております。

なにかちがう国に来てしまったのではないか……。

スノーデン氏が見たら卒倒するような監視社会が実現しております。プライバシーがないというのは、自由がないということ。こんな村やだ、オラ東京さ行くだレベルです。

ナチスドイツの秘密警察に捕まったアンネ・フランクは収容所に連行されましたが、菊池氏に見つかったひきこもりは自ら就労支援施設「こみっと」へと出向くことになります。

「賃金は一時間、一一〇円〜五五〇円」（放送当時）だという。障害者のB型作業所（最低賃金を払うところがA型、それ以外はB型に分類される）の悪いところだけ取り入れておりますな。障害者は年金などの手当があるから、かろうじて一般的な仕事に就くまでの中間的就労になるわけですが、ひきこもりにはなんの手当もありません。どうしてこれが〝中間〟になるというのか。前と後ろ、もしくは上と下はどこにあるのでしょうか。

支援って言えば最低賃金を払わなくてすむ、最低賃金の適用から除外したい、やっているのはただそれだけのことで、どこにも新しい取り組みなんてないのです。

ちなみに懲役刑を科せられている囚人に払われる賃金（報奨金）の平均は、月当たり四五一六円（法務省のHPより。二〇二一年度）だそうです。時給にすると、まあせいぜい三〇円くらいですかな。そう考えると就労支援施設「こみっと」というのは、囚人の約五倍もらえるありがたいところと言えなくもありません。

ただ、罪を犯さず、ひきこもってもいない秋田県人の最低賃金が、時給八二二円（厚労省秋田労働局HPより。二〇二一年）であることと比較すると、ひきこもりは労働者よりも囚人に近い存在として扱われているようです。

それはいかんの〝い〟。罪があるとかないとか、ひきこもっているとかいないとか、そんなことは関係なく、すべての賃金の増額を要求していかないといけませんな。

ひきこもりキャリア・コンサルティング

就労支援のなかに、キャリア・コンサルティングというプログラムがありまして、総合的に働くため、どういう筋道で訓練していくかを、能力や適正などを見極めて支援者と当事者で話し合います（しいて日本語に訳すなら進路相談になりますかね）。そして、細かいちがいはあるものの、おおよそ次のような結論に達するはずです。

「まずは、朝早く起きられるようにがんばりましょう」

これがひきこもり現場でおこなわれる、キャリア・コンサルティングの実態なのです。ひきこもり男子&女子の潜在能力をまざまざと見せつける、心あたたまるいい話ですよね。

就労支援とはなんなのか。「魚を与えるのではなく、魚の釣り方を教えよ」という格言を真に受けた人が起こした人災としか思えません。私に見えるのは、波打ち際に転がる、釣り竿を抱えたひきこもりの白骨死体ばかりです。教われれば釣れる、それが幻想なのです。

労働市場とは、需要と供給、売り手と買い手、ようは求職者に対して、どれだけ求人があるかが重要です。求人が多ければ、働く練習なんて関係がない。学歴も資格も関係ない。求職者と求人の、少ないほうが〝強い〟のです。

求職者に対して求人が少ない場合は、企業のほうが強くなります。雇うほうは悠々自適、求められている人材はああだ、こうだと言いつつ、求職者をじっくり値踏みできます。こういう状況で就労支援はなんの役にも立たんのです。

例えば、仕事がひとつ、仕事を探している人が一〇人いたとします。就労支援というのは、この仕事を探している無職の人に、働く練習をさせることです。いったいなにが解決するのですかな。空想の翼をはためかせ大空を飛び、鳥の目で就職イス取りゲームを眺めてみてください。ほら、状況はまったく変わっていないでしょ。相変わらず、一〇人の人間が、ひとつのイスを奪い合っています。たくさんの敗者がいることを前提に、特定のひとりが他人を蹴落とすのを手伝っているだけ、それが就労支援なのです。

就労（賃金労働）にこだわるというのなら、解決策は仕事を増やす以外ない、それ以外は効果ゼロです。就労支援は税金を投入していますから、赤字のマイナス政策となります。ないほうが社会貢献になります。

仕事はあるじゃないか、仕事を選り好みするなという意見もあります。「ヘルパーになればいいじゃないか」と万事らまくいきましたヅラをなされる方がいる。これは介護という仕事をなめているとしか言いようがない。高い能力を必要とされているのに低賃金という、労働条件の悪さが、求人は多いのに人手不足という状況を生み出しているのです。

就労支援、ダメ、ゼッタイ。ひきこもり大臣の政策提言として、直接給付を要求します。ひきこもりの生活財源が親からのおこづかいであることからも、直接給付が、本人と家族、両方の支援になることはまちがいありません、税金を支援者に流すのではなく、当事者に流す、それがバラ色のひきこもり支援なのですよ。

入寮施設に入ると親子で破産する

脱走事件（施設に収容されていたひきこもり十人が集団脱走し、福祉施設に緊急保護されたという事件）で話題になったワンステップスクールに限らず、ひきこもりを治す（自立させる）と称する入寮施設は昔から日本にいくつもあります。

話は具体的なほうがわかりやすいので、ここでは工藤ファミリー（故工藤定次氏など）がやっていたタメ塾こと、青少年自立援助センターを例にお金の話をしましょう。彼らのたったひとつの美点は、ネットの公式サイトに料金表を公開しているところです。ありがとう、参考にさせていただきます。

ではさっそく計算していきましょう、まずは毎月かかる入寮施設の寮費が、約二〇万円。それに加え、入会金約三五万円、設備費二二万円、合計すると約七七万円なります。申し込んでいきなりこれだけ取られてしまいます。

脱走でもしない限り、入寮施設を一カ月で卒業なんてことはありません。俺調査によると、たいてい七年くらい通って、お金がなくなったら追い出され……あわわわわ、訓練の成果が出て就職することが多いとか、多くないとか。

なので試しに七年施設で過ごすと仮定して計算してみましょう。単純に寮費を月二〇万円として計算してみると。

二〇万円×十二カ月×七年＝一六八〇万円。

即破産レベルですな。入寮施設の目的はひきこもり当事者じゃない、親の金なのです。親が持っている貯金やら退職金を、毎月二〇万円ずつ搾り取って、一家まるごと生活保護を受けないと生きていけないレベルにまで堕とすことなのです。

ワンステップスクールを脱出した人のほとんどが、その後に生活保護を受けていると新聞記事（神奈川新聞二〇一八年十二月十七日）にありましたが、それはたぶん本人の稼ぎがないというのにプラスして、親の経済力もそれに近い状態にさせられたせいだと思います。入寮施設になんて入ったら、親子ともどもおしまいですぞ。

ひきこもりファイナンシャル・プランナー

ひきこもり業界に、ファイナンシャル・プランナーというよくわからない人たちが食い込んできたな、なんて思っていましたが、いまではもうすっかり定着した感があります。

ファイナンシャル・プランナーとはなんなのか、それは、家計のアドバイス（助言）をする人のことです。主に老後のお金を心配する人たちの相談を受けているようです。

でも、彼らがひきこもりに関して役に立つケースというのは限られていまして、それは貧乏でお金がないと思っていたけれども実はただの浪費家だったという、マンガであれば「ズコーッ」というオチがぴったりくるような状況のときだけです。ほとんどの場合、つまり節約ではどうにもならない、本当にお金がないときには、彼らは役には立ちません。

テレビ番組のなかで預金が尽きかけている七十七歳の男性が紹介されておりました。ファイナンシャル・プランナーはその男性に対し、車の維持費などで年間五〇万円節約できるから車を売りましょう、とアドバイスしていたのです。

これを見て唖然としたのは私だけでしょうか。食うのにも困っていて、貯金もない、ほんとうにお金がない人であれば、車なんてとっくに手放していなきゃおかしいじゃないですか。

入ってくるお金以上に使ってしまうと破綻するという、それだけの話なのです。これができない人がいて、そういう人がファイナンシャル・プランナーにお金を払って相談するという、私からすれば「そのお金こそがもったいない」という無駄遣いをしているわけです。

貧乏人が最初の一手目として考えるべきことは、生活保護の受給、ただそれだけなのです。ここを〝スタート〟に設定し、そこから逆算して、ひきこもりプランを構築するのです。そうすることで、親が死んだらどうする、なんていうぼんやりした不安はなくなり、実際にすべきことだけに集中ができます。

ひきこもりに限らずですが、貧乏人共通の悩みというのは、公営住宅でない限り、無職だと家を借りられないということです。

先手を打ってなにかしたいというのなら、家賃が住宅補助基準額の五万三七〇〇円（東京二三区で一人暮らしの場合）以下のアパートか公営住宅に住んでいたほうがいい、引っ越す手間がはぶけるからです。でも私もあなたもすでに無職なのですから、いまのところに住み続けるしかありません。家賃が基準よりも高い場合は、生活保護を申請して受理されたあとに引っ越すこととなります。引っ越してから申請するのではないので注意してくださいね。家に住んでいる状態で素早く生活保護に移行するのです。

そうでないと、行政の斡旋のもと、無料低額宿泊所なんていうところに誘導され、三畳の部屋で、月三万円の小遣いで生活させられることになってしまいますぞ。注意、注意。

ひきこもり条例について

選挙が近づくと、与野党無所属寄せ集めの当選スレスレ議員たちが、無意味な条例をつくって議員活動の〝成果〟を捏造するものです。

世間的にイメージの悪いやつを叩くような条例、タバコやパチンコ、不登校と肩を並べて、ひきこもりも条例によって取り締まられます。ひきこもり対策の条例をつくるだけで、世間的にはなにかいいことをやったかのように見えてしまうのです。

中身なんかない、相談と見守りがあるだけです。でもそれでいいのです。有権者の誰ひとり、条例文なんて読まないのですからな。

ひきこもりに関する条例の財政上の措置はすべて「努めるものとする」となっています。これは「努力義務」のことでして法的拘束力はない。つまりはやらなくてもいいのです。ひきこもり支援とはなっていますが、本気で支援する気なんてないのです。

それに、ひきこもり条例がやたらと〝家族〟にこだわるのも、いかにも与党自民党が中心となってつくっているなと感じます。個人より家族。ひきこもり当事者を個人として助けようとはしないで、あくまで家という単位のなかで、共助という形で解決させようとするのです。国に迷惑をかけるな、家族で解決しろ、それがだめなら地域でとなります。

伝統的な家か、伝統的な村か、そのなかで困っている人を助けなさいという、古くて硬直した共助の枠から一歩も外に出ようとしません。

困っているひきこもり本人の話は、いつのまにか親の話、兄弟姉妹の話となる。世帯、戸籍、親族、血筋、そういう伝統的ユニット内で解決させる方向へと誘導する。そんな伝統的共助推進ひきこもり支援だからこそ、下村博文のような政治家たちまでが、ひきこもりに関心を持ってからんでくるのです。

でも当事者が必要としているのはお金です。そして当事者がもらえないのもお金なのです。そのくせ支援について、当事者のニーズがどうたらこうたらと言うでしょ。お金をよこせと言えば、急に耳が遠くなる。あげくは意味のない調査をして、支援者に対する支援が大切などと言い出すのですから、聞かない力がすごすぎる。

家単位ではなく、個人単位で。困っている個人に直接給付するべきです。本人が助かれば、家族の困り事も自然に消滅します。公助が先で、共助と自助はそのあとの話なのですよ。

居場所は結果論

私は居場所を見つけた人が語る「居場所論」を信じません。だって、その人自身、そんなはじめから快適な居場所にいたわけじゃないでしょ。

居場所のつくり方に関する、その方法論の土台になっているものは、居場所を得た人が語る、実効性ゼロの、後付けの結果論だと思ってもらいたい。

場の質がよかったから、周りの人の対応がよかったから、居場所になるのではありません。実は本人も覚えていないような、ささいな、あれやこれ、偶然その場にいた人、そしてなにより大事なことは、私もあなたも、

「ほかに行く場所がなかった」

ということです。だからあんなしみったれた場所に通い、しがみついておったのです。居場所とはほかに行くところがない、心の寒い人がたどりつく離れ小島なのです。

行った先はいつだって、快適とは言いがたい、来なきゃよかったかなと思うような、スマートフォンをいじって時間を潰さずにはいられないような、そんなところばかりです。

居場所は友達と同じで、なぜそうなったかなんてわからないもの。友達になった理由は、近所に住んでいた、同級生だった、部活がいっしょだったなど、いろいろありそうですが……実はない。だって、同じ条件で出会った多数と、あなたは友達になっていないじゃないですか。同じ条件の多数とは無縁になっているじゃないですか。友達になる、ならないなんて、その理由は、なんとなく、たまたまとしか答えられないはずです。

さて、このようなおぼろげな居場所の世界ですが、今日《こんにち》にわかに行政が、ひきこもりには居

場所が大切だということで、あれやこれやと民間への委託事業という形でカネを流し、居場所づくり及び運営のようなことをしております。いかがなものでしょうか。

そのほとんどが「居場所」ではなく、「居ぬ場所」となり、閑散として、盛り下がっているように見えます。目立つのはファシリテーターを気取るスタッフばかりです。

委託事業とカネの問題。カネは誰でも、どこの団体でももらえるというわけではありません。どこの居場所にカネを渡すかは相手が決めることです。ありがたくお金を頂戴できたからといって喜んでいる場合ではありません。カネを得るために、ヘコヘコ外交をすればするほど、相手の力は強まるのです。カネをもらえばもらうほど、逆らえなくなるのです。

力を取り戻すには、カネを居場所の運営者にではなく、直接参加する（もしくは参加しない）ご本人様（当事者）に渡すことです。お金を受け取ったご本人様が、どこに行くか、行かないかは自分で決める。ほしいのは選択肢ではない、決定権なのです。

こういう居場所批判も、これはこれで手の込んだ、ひがみ根性あふれる居場所論のひとつやもしれませんな。ついつい居場所なんて結果論だなんて言いながら、やっぱりどうして、なんかことがあるごとに居場所について語ってしまうのです。

つい先日も、チェーン店の居酒屋で、居場所論を語ってしまいました。「なぜ会の参加者が男ばかりなのか」「会がおじさんたちのオアシスでいいのか」「どうやったら女性が安心して参加できるようになるか」、はっきりした記憶はないのですが、たしかそんなような居場所論を

〝おじさん五人〟で語り合った気がします。

ひとしきり盛り上がり、あれこれ意見が出たあと、五人のおじさんたちは気づきました。はたしてこのメンバーで正解が出るのであろうかと。ひょっとすると、俺たちはサリバン先生のいないヘレン・ケラーなんじゃないか。このメンバーで出された正解は、正解でなく、どこに出しても恥ずかしいまちがいなのではないか。

我に返らなきゃ。木の葉のお札を捨て、肥溜めの風呂から出よう。居酒屋というタヌキの居場所に化《ば》かされていたようです。

百人いれば、百人の居場所論があり、正解はありません。まちがいばかりがある。結果的に居場所になっただけのことを、あれこれ理由をつけて語りたくなってしまうのです。しかも語っている間は、誰しもがゴキゲンなのですから困ったものですな。

なぜ子ども食堂なのか

なぜ〝子ども〟食堂なのか。

別におじさん食堂をつくってくれというわけではありません。ただの食堂でいいじゃないかと思うだけです。誰でも歓迎の食べ物配給所でいいじゃないか（さらに言えば現物支給ではなく現金支給のほうがいいのですが、ここではそれは置いておきます)。

子ども食堂という言葉を聞くたびに、その裏に漂う、助けるに値しない、支援する価値がないとされている者の存在をヒシヒシと感じるのです。そうです。ほかの誰でもありません、私とあなたのことですよ。俺たちが来ないようにする魔除けの御札として、子ども食堂を名乗っているだけなんじゃないのか、そう疑っておるのです。

似たようなものにヤングケアラーがありますな。これもケアラーだけでいいと思うのですが。ことさらヤングをつけてそれだけを問題にするなんて、全国のおじさん&おばさんケアラーは泣いておりますぞ。

誰も望んでいないひきこもりの政治参加

社会復帰という言葉がイヤだったので、社会参加という言葉を使っていたのですが、これはちょっとまちがいでした。

すでに社会の一員でした。なんだかわからないまま、社会復帰だ、社会参加だと焦りまくって、ここではないどこかを目指し、部屋のなかをぐるぐるしていたようです。

いまさらですが、ようやく認知の歪みが治りましたので、働きたいけど働けないとか、まずはボランティア活動からはじめて自立を目指すとか、そんな心にもない嘘は言わず、セコい社会参加なんて気持ちを捨てて、誰も望んでいないことは承知のうえで〝政治参加〟を目指したいと思います。

社会復帰だ、社会参加だ、なんて眠いことを言っているから、行政のつくる、つまんねえ居場所（フリースペース）でスマホをいじって時間を潰して過ごすはめになるのです。

ひきこもりが居場所や就労支援に通う、そんな茶番の時代は終わったとみなさんにお伝えしたい。すでに私もあなたも社会のど真ん中にいる。俺たちゃみんな社会人なのです。

考えてもみてください、マルコムXやキング牧師が人種差別について悩み、黒人サポートセンターに相談に行くでしょうか。ましてやそこで白人から「支援」なんてものを受けるでしょうか。ありえないことです。

これからは人間ストライキの時代です。部屋で寝そべっての抵抗運動です。平日の昼間に町をぷらぷら練り歩く。そのほうが、中間的就労の名のもとに時給一一〇〇円で蕎麦をつくったり、一日中ダンボールを潰す作業をしているより、ずっと社会変革になります。

おおいに要求しよう。少ない労働時間と高い給料を（働いていないのに）。ひきこもりに決定する力を！

寝そべれば見えてくる

就労支援がつくり出しているのは労働者ではありません、失業者です。そりゃあ一時的には、労働者のようなものになることもありますが、もって三日、長くて半年くらいで、その後はたいてい音信不通になります。

でも、それでいいのです。就労移行支援事業者にとっては、それで充分成果となり、税金が流れてくる仕組みになっているからです。私は、職業訓練がひきこもり支援になっていない、事業者支援になっている、そんな当たり前のことを改めて申し上げようとしているわけではありません。

就労とは一切無関係で、失業者ですらなかったひきこもりが、失業者として労働市場にデビューし、流入していることが、社会に悪影響を与えているんじゃないか、これは深刻なことなんじゃないかと思いはじめているのです。

ひきこもりが「働きたいけど働けない」といういつもの一人芝居に磨きをかけるため（現実味を持たすために）、就労支援を受けて失業者になりすますのはみなさんご存知ですよね。やっている人もいますよね。

でも、その前に、偽者の私たちより先に、本気で働こうと仕事を探している真の失業者がいることを忘れてはいけません。彼らはやりたい仕事に就こうと、なるべく高い賃金を得ようと、求人情報をあれこれ吟味し、実際に働く本物の失業者です。

一方の、ひきこもり偽失業者はというと「仕事の内容はなんでもいい」「最低賃金以下でもいい」と、不法入国してきた移民すら主張しないような、低すぎる労働条件を掲げて、労働市場を荒らすだけなのです。形だけの就活、カゲロウのような労働期間、そのようなアリバイづくりをして、一時《いっとき》ワーキングプアに擬態するのです。

よりよい待遇と高い賃金を求めている真の失業者のすぐ隣に、奴隷的待遇をよしとする失業者が出現する。実際は働かなくとも、働く前の求職の段階での安い労働力としては、本物も偽物も横並びです。

この効果は絶大でして、真の失業者は偽物の出現のために、高い賃金や、よりよい待遇の要求を躊躇《ちゅうちょ》するようになります。自分と競っている相手の求める条件が低すぎるからです。

ひきこもり支援による、偽失業者の創出そのものが害悪なのです。ひきこもり支援が労働の価値そのものを引き下げている。考えを改めないといけません。

最低賃金に働く喜びなんてない。それは文字どおり〝最低〟なのです。障害者枠だとか、A型作業所だから最低賃金がもらえるぞと歓喜しておる場合ではないのです。無収入か低賃金で、労働者の権利も行使せず、なにも要求しない、ただただ訓練だけを受け入れる、グレーな失業者予備軍になって仕事にありつこうなんていう、そんな邪な心を捨て去るべきです。

〝最高賃金〟を要求しよう。本物の失業者は諸事情があって、やむをえず妥協しているのです。

でも私とあなたは、いままでも、そしてこれからも、死ぬまで寝そべっているわけでしょ。こんなに自由で度胸のある失業者は稀少《まれ》なのです、日本に一〇〇万人くらいしかいません。私たちが背負っている使命は大きいのです。

ひきこもりとは解脱《げだつ》することです。失業者と非正規労働者との輪廻《りんね》を超えることなのです。私はこのことにようやく気づきました。

苦しいのは修行だからです。着ている服や靴がボロいのは袈裟《けさ》だからです。親のスネをかじっているのではありません、在家の施しを受けているのです。住んでいるのは実家ではありません、寺院です。あなたのいる六畳間は、本堂です。私たちはただひたすら、最高賃金という真理を求める、出家者だったのです。ゆえに無一文なのです。ゆえに罪もないのに犯罪者予備軍呼ばわりされることに、耐え忍んでいるのです。学歴に執着する者たちの間にあって執着せず、職歴に執着する者たちの間にあって執着をしない。就労の鎖を解き放った者なのです。

寝そべることで見えてくる。ひきこもり涅槃《ねはん》（ニルヴァーナ）はもう目の前ですぞ。

第六章　なにもしないをする

「プー、
ぼくはこれからもなにもしないよ。
さあ、行こう」

アイ・アム・プーさん

オオサンショウウオ

　ひきこもり諸君よ、親がうるさい、うざい、なんて嘆いているようではまだまだです。そんなのは部屋でバット（由緒正しきスポーツ用品）で素振りでもすれば、すぐに静かになります。ただバッターとしては、狭い部屋で素振りをしていると、スイングが小さくなり、打球が遠くに飛ばなくなりますから、外に出て思い切って素振りをするのが正しい。

　でも、いい年をした無職のひきこもりおじさんが、家の前でバットの素振りをする姿を見て近所の人はどう思うでしょうか。野球の練習に見えればいいのですが、いまのご時世、万が一〝凶行前夜〟などと勘違いされ、警察にでも通報されたら……、そう考えると外で素振りをする勇気が湧きません。

なんて狭苦しい世の中なのか！　もっと自由に生きたい。そう思って、たいていのひきこもり男子（＆女子）は、近所をうろうろするようになります。コンビニ、図書館、古本屋にハードオフと、縄張りを広げて徘徊するのです。

やがて時はたち、同じようなひきこもり仲間のいる、当事者同士の自助グループのようなところ、ようは居場所へとたどり着きます。ここ以外に、行く場所なんてないのです。

でも、居場所が自分を快く受け入れてくれる、なんてことはありません。

むしろ居心地は悪い。

考えてみれば当然のことで、初めて参加する人にとっては、知らないところで、知らない人と交流するという、緊張しっぱなしで、縮みあがるばかりの「萎場所」なのです。

すでにできているグループの輪のなかに入っていく。学校でも一学期に友達ができた記憶がないような、人見知りの人間が居場所に行けばどうなるか。想像しただけでも寒い気持ちになりますな。

デビューはいつだって世知辛い。でもご安心を、ひきこもり流のやり方があるのです。それはまず、黙って席について、じっとしていることです。それを一年半続ける（長い！）。そうすれば自分も相手も、顔と名前がわかってきますから、なんとなく交流ができるようになります。長い下ごしらえの冬が、暖かい春を呼び込むのです。

居場所という名の沼の底に棲み、オタマガエル、ヒキガエルになって、ゲコゲコ低い声で鳴きながら、じっとしているのです。

なじめない状態になじむ。そこに、ひきこもりの居場所における極意があります。これを会得すれば、どんな場所も大丈夫。なじめない自分に対する免疫のようなものがついてきます。

今日もひとりだった、誰とも話せなかった、たとえそうだとしても、

「だからなんだというのだ！」

という居直りができます。こうなれば、居場所なんてどこでもよい、自分がいるところが居場所となります。

脱ひきこもりとは正反対の、通過しない、卒業しない、澱み続ける、ひきこもりオオサンショウウオの誕生です。デカイ面をして居座っているわけではありません。沼の底にずっといたら、いつのまにか大きくなった、ただそれだけなのです。

いずれ、みんなオオサンショウウオになります。なにかの会の主となって澱むのです。そういう沼こそ宝物であり、ほんとうの居場所なのですよ。

一生勉強、一生ひきこもり

ひきこもりであるのならば、「働かなきゃいけない、でも働きたくない」、その葛藤に苦しん

だあげく、どういうわけか勉強をしてしまった、という経験があることでしょう。

私も恥ずかしながら、三年も大学受験をしてしまいました。通信制大学に入学したこともあるんですよ。勉強って、働かない言い訳を得るための絶好のアイテムなのです。なにか価値がありそうだし、将来役に立ちそうな気もします。

だから通信制大学を中心に、ひきこもりは学校へ行くのです。二回、三回とループ入学をする人もいます。大学院にまで行ってしまうケースだってあるのです。

また資格の勉強というのも、似たような定番の逃げ道でして、なるべく取得まで時間のかかる、社会的地位の高いものに人気が集まります。司法試験とか、税理士とか。長々と浪人して、勉強して、どんどん社会の中心でないどこかへと遠ざかっていくのです。

働きながらなら、いくら資格や学歴を取ったってかまいません。でもひきこもって無職であるならば、なにかを得るための勉強というのは禁断の麻薬だと思ってもらいたい、ダメ、ゼッタイ。私もあなたも勉強したいんじゃないんです、働くまでの時間稼ぎがしたいだけなのです。

無意識のレベルで、他人をあざむくための受験生に擬態しているうちに、全力で自分自身までもあざむくようになり、自己催眠をかけ、本心に封印をかけ、だらだらと勉強をする、ふりをして、いつまでも不合格、単位を取らない学生、休学の魔術師、ベテラン受験生として、焦燥感は増していき、苦しみで顔はひん曲がっていく、そんなドツボ（土壷）をこねる陶芸家になってはいけません。

くまのプーさんになったつもりで、ハチミツでもなめて一日中過ごしたらいい。のんびりと、思い切ってなんにもせずに過ごしたらいい。プーさんになろう。そのように決意してハッと気づくのです、ハチミツこそなめていないけれども……、すでにもうプーさんでしたと。

すべての悩みは捏造された架空のものだった、葛藤の苦しみは、虚言癖が生み出す茶番劇にすぎなかった。我々には学歴も資格もいらんのです。

なぜなら、すでに持っているからです、自由な時間を。

みんな自由な時間をたくさん手に入れようと、受験で学歴を得たり、資格を取ったりする。つまりはたくさん稼いで、それでようやく自由な時間が手に入ると思い込んでいるのです。が、そうではありません。

自由な時間は、いきなり、なんの努力もなしに、返済不要で、命ある限り、いくらでも手に入るのです。ひきこもりさえすれば手に入るのです。あまりにも怖ろしい真実なので、自由な時間を手に入れた、私やあなたも、まさかこんな奇跡が、救い主様の力も借りずに手に入るなんて思いもしなかったのでしょう。

狼狽し、申し訳ない気持ちになり、神様のご加護を独占してはいけないと、自分自身を責める、ふりをする、勉強をする、ふりをする、働きたい、ふりなどをして、苦悩を演出し、甘えちゃいけない、汗水流して働きたいなどと虚言を吐いて、まあひとことで言えば、茶番劇を日々繰り返して、それでいて、なにもしない、それでいて、なにかをするという、無限の自由な時間を手放さずに暮らしておるわけです。

こんな手の込んだ芝居をする必要はないのです、正々堂々と先延ばしすればそれでいい。居直っているんじゃない、クサい芝居をもうやめよう、ということなのですよ。

繭居大師《ジィェンジュダーシー》

ひきこもりという名前が悪い、別の名称に変えるべきだという声は、ずっと前からありまして、それこそ二十年以上前から繰り返し述べられているロングセラー提案なのです。ひきこもってもいいんだ、といったところで、言葉の持つ強烈なマイナスイメージがあってどうすることもできない。ひきこもりという呼び方をやめて、新しい名称をつけようという動きはずーっとあるのです。

しかし名前を変えたくらいでイメージがよくなるものなのか。実際にすでにいくつもの新しい名称ができています。ニート、レイブル（死語）、SNEP（死語）、こもり人などです。どれも、ひきこもりに毛が生えた程度の、ひきこもりがおんもに一歩出ましたよ、くらいのイメージしかありません。

私は拙著『安心ひきこもりライフ』のなかで、ひきこもりではなく、「バカ息子」と呼ぼうと提唱しましたが、まったく広まりませんでした。穀潰し、スネかじり、ルンペンといった、オーソドックスな呼び名も人気がありません。そこで私が、ならばと考えたのがこれです。

おてんとうさん、です。社会的ひきこもりに変わる新たな名称として、これを布教しようと思っております。ひきこもり名人兼おてんとうさん。なんとも、ほのぼのするじゃないですか。

「最近おてんとうさんが部屋から出てこない」とか、「おてんとうさんが学校を休んだ」とか、「アルバイトを辞めておてんとうさんになった」なんて具合に使うのです。

九州では乞食のことを、かんじんさん、ほいとさん、おもらいさんなど、いろんな呼び方で呼ぶそうです。そのなかに、おてんとうさんというのがあって、これが実によいというか、我々ひきこもりもこう呼んでほしい。部屋から出たり入ったり、家から出たり入ったりなんて、東から昇り西に沈む、おてんとうさんのようじゃないですか。

「様」をつけると本物の太陽になってしまうので、おてんとうさんと、さんづけがいい。御天道さんと漢字ではなく、ひらがなでいきたい。古事記に出てくる、ひきこもりの始祖であるところの、天岩戸《あまのいわと》天照大御神《あまてらすおおみかみ》に通じるものがありますし、ここはひとつおてんとうさんでお願いしたい。

ちなみに中国語では、ひきこもりは繭居と呼び、ひきこもり名人だと繭居大師になるそうです。さすが漢字の国、断然かっこいい。やっぱり私のことは、繭居大師と呼んでもらいたい、かな。

アリとキリギリスとひきこもり

みなさんがよく知るイソップ童話「アリとキリギリス」は、原作だと「セミとアリ」なんですよ、知っていましたか。

セミというのは暖かい地方にしかいないため、北の国にはなじみが薄い、そこで話をわかりやすくするためにセミをキリギリスに変えたバージョンが、一般に普及したのです。

原作の題名は「セミとアリ」なのですが、内容はほぼいっしょで、夏の間、うたって過ごしていたセミが、冬になり腹をすかせ、アリのところになにか食べ物を恵んでくれないかと頼みにいく。するとアリはセミをあざ笑い「夏に歌をうたっていられたのなら、冬は踊りを踊っていらっしゃい」と言って追い返すという、そういうお話です。

キリギリスにせよ、原作のセミにせよ、暖かい季節は歌をうたって過ごしていました。将来を心配して陰気に落ち込んで、くよくよ悩んでいたりなんかしていません。

私はそこを見習いたいと思う。

私もあなたも、セミであり、キリギリスなのです、アリのように働いてもいないのに、いっちょまえに将来の心配なんてしている場合ではありません。

とにかくいまは歌をうたいたまえ。アリが働いているその横でバイオリンを弾きたまえ。悩むのはそのあとでよろしいのですよ。

ひきこもり文明

古代エジプト、ギリシャ、メソポタミアといろいろ栄えた文明がありましたが、日本を含めたいまの地球ほど人類が栄えた時代はないでしょう。物質的には、ほとんどの人が古代の王様以上の暮らしをしているのです。後世の人は、こんないまの時代をなに文明と呼ぶのでしょうかな。

文明が栄えている、栄えていないを、なにをもって判断するか、それは労働時間です。文明の進化・発展とは、労働時間の減少のこと。科学技術、哲学、思想、文化、これらの発展が労働時間を減らすのです。

現代文明が、多くの人を一時的に労働から解放しています。まずは子どもが労働から解放されているでしょ。あとお年寄りもです。定年退職後に年金で暮らせているということに、一応はなっています。ただ、子どもは学校で働く準備のための勉強をさせられ、老人は年金を受給できる年齢が六十五歳に引き上げられたり、もらえる額が減らされたりと、なんともさみしい状況にはなってきています。

それはなぜか。文明が衰退してきているからなのです。エジプト文明がピラミッドを残して消えてしまったように、現代文明もまた衰退の一途をたどっているのです。

一億総活躍社会、これの意味するところは、「生まれてから死ぬまで働け」ということです。これこそ文明の衰退がはじまった証です。インターネット、コンピューターと、科学技術はおどろくほど進化しているのに、文明進化の証である労働時間の減少は止まっています、おかしいじゃないですか。本来であれば文明の進化とともに、桃源郷時代である、ひきこもり文明が誕生してしかるべきです。

これは科学技術だけが進化していて、人間の思想や哲学が進化していないせいではないのか。我々の頭が古く硬直したままで、労働からの解放という文明人の目指すべきゴールを見失っているのではないか。だから、こんなセコ苦しい社会になっているのではないのか。

豊かになろうというのではない、すでに豊かなのです。私たち無辜の民はそのことに気づいて、あとは豊かさの果実を受け取ればよいのです。

六畳間で寝転んで、天井を眺める。なにしようかなあと考えて、気づけば夕方、そうしてようやくコソコソとなにかをしはじめる。

誰でもできるが、誰もやる勇気を持てない、唯一の真理を受け取る方法、それがひきこもりだったのです。すでに私たちは真理を受け取る方法を実践していたのです。たんなる小学生みたいなおじさんというわけではないのです。

「パンは空から降ってくる」。救い主様のおっしゃるとおりでした。知らぬ間に私たちは、救い主様が放り投げたパンをキャッチしておったのです。私たちが文明の未来なのですよ。

do Nothing　なにもしないをする

「ぼくがいちばんしてたいのは、なにもしないでいることさ」

みんなが知っている『くまのプーさん』にはこんないいセリフがある。それを知って私は俄然プーさんに興味が湧きました。それまでは赤い上着を着ている、尻丸出しのやばいクマとして軽蔑していたのですが、プーさんのなにもしない哲学には、老子やブッダに勝るとも劣らぬ深いものを感じずにはいられません。

とてもおもしろそうだ、プーさんを読もう。

知らない人のために説明しておくと（私も知らなかったのですが）、クマのプーさんはディズニー映画がオリジナルではなく、本が原作なのです。『クマのプーさん』『プー横丁にたった家』のたった二冊で完結する童話なのです。著者A・A・ミルンが、息子のクリストファー・ロビンに聞かせるためにつくったお話という設定で、主人公が実の息子なのもそのせいなのです。クマのプーさんは、ケモノの熊ではなく、息子のお気に入りのぬいぐるみなのですよ。

最初に紹介した、なにもしないの名セリフは、童話の最後のほうで出てきます。クリストファー・ロビンがプーに、「世界じゅうでいちばん、どんなことをするのがすき?」と聞いて、それにプーが答える、そのあとロビンが「だけど」と、ことわってから自分の考えを言うのです。「ぼくがいちばんしてたいのは、なにもしないでいることさ」と。

なにもしないでいるとは、どういうことなのか。それは、ただぶらぶら歩きながら、なにも気にかけないでいること。誰かに「なにしにいくの?」と聞かれたら、「べつになんにも」と答えておいて、そうして〝なにかする〟ことです。do Nothing です。

Nothing していたクリストファー・ロビンでしたが、急に「ぼく、もうなにもしないでなんか、いられなくなっちゃったんだ」「もうそんなことしてちゃいけないんだって」とプーさんに言いはじめます。童話のなかでは、理由をはっきりと書いてないのですが、どうも、学校に行くことになり、それで、なにもしないではいられなくなったようです。そう解釈するしかない。

クリストファー・ロビンとプーは、森のてっぺんにあるギャレオン凹地と呼ばれている魔法の場所で、お互いときどきここに来ようと約束します。百歳になっても来る、とふたりは約束するのです。

少年とクマとの感動の友情シーンとして読むのが普通なのでしょうが、私にはなんとも、白々しいというか、さみしい気持ちがするのです。クリストファー・ロビンが、ホームレスに向かって「さようならプーおじさん、ときどき炊き出しに来るからさ」と言って、すたすたと学校に戻る、そんな学生ボランティアのような、どうにも乾いた感じを受けるのです。ちょっと変だよ、クリストファー・ロビン。世界じゅうでいちばん好きなことは、なにもしないでいることだって言ってたじゃん。あの哲学・思想を否定して、さっさと学校に行くのって転校、否、転向じゃないですか。

玄関に、忙しい（BISY）、すぐ帰る（BACKSON）と誤字のはり紙をして、午前中は学校に通っている。忙しいだとか、すぐだとか、すっかり学校教育に染まっています。百エーカーの森にいるときは、精神的に解放されていて、いちばん好きな、なにもしないをしていたクリストファー・ロビンが、忙しいとは情けない。ロバのイーヨーでなくとも「教育じゃと！」と苦々しく言ってやりたくなります。

なにもしないから、なにかをするへ。教育を受け、学問を身につけ、プーさんとさよならをする。子どもから大人に成長する物語というよりも、なにかあったなクリストファー・ロビン、まわりの大人になにか言われたな、そう推理するほかない。

犯人はきっと父親で、著者であるA・A・ミルン氏でしょう。「頭のある人もある、ない人もある」「それが世のなかなのです」なんて悟りを開いているようなことを書いておいて、我が子かわいさから、自分の子どもだけは、頭のある子に育てたいという、凡庸な考えにひっぱられたに相違ありません。息子が、ひきこもりのプーさんとなって近所のコンビニをぶらぶらしたり、図書館で物思いにふけって一日を過ごすようになってはたまらんと、急遽do Nothing

を中止させたのです。

頭のないプーさんがやっていけるのは童話のなかだけ、現実の世界ではむずかしい、人並みに読み書き計算の基本的なものだけでもしっかり身につけさせようと、まさに働くしか能のない、ありがた迷惑な大人の考えを押しつけたのです。なにもしないなんて父さんは許さんぞと、くまのプーさんのストーリーを改変させてしまったのです。

なにもしないのなかにこそ、生きる喜びはある。その真理を手放してしまった。子どもを信じられない父親ミルン氏の影響でしょうか、第二次世界大戦では兵士として戦い、戦後は結婚して、本屋さんとなった本物の息子クリストファー・ロビンは「プーのことを、ひとから言われるのをきらっている」大人になったそうです。さもありなん、当然の帰結と言えます。

いつまでも子どもではいられないという、大人の常識に取り込まれてしまった『クマのプーさん』の物語をこのままにしていいのでしょうか？　否、我々の手に取り戻さなくてはなりません。なにもしないをするために、do Nothing するために、勇気を出して、ちょっと童話を改竄いたしましょう（A・A・ミルン『プー横丁にたった家』参照）。

＊

クリストファー・ロビンは、プーに言いました。

「プー、きみね、世界じゅうでいちばん、どんなことをするのが好き？」

プーはすこし考えこまなくてはなりませんでした。なぜかというと、プーの好きなことは、働かず、家にひきこもって、ブログを書くことなのですが、しかし、世の中、お金なしで生きていくのはたいへんなことです。それにはどうしたらいいか……と思いはせたあげく、プーはこう答えました。

「ぼくが、世界じゅうでいちばん好きなのは、お金を稼ぐことです」

「ぼくもそれは好きだ」、クリストファー・ロビンは言いました。「だけど、ぼくがいちばんしていたいのは、なにもしないでいることさ。だから、ぼくはニートになるよ」

「そりゃいい。きみは世界第一のニートになれます」

「プー、ぼくはこれからもなにもしないよ。さあ、行こう」

「どこへ?」

「どこでもいいよ」と、クリストファー・ロビンは言いました。

そこで、ふたりは出かけました。ふたりの行った先が山谷であろうと、釜ヶ崎であろうと、あの魔法の寄せ場には、ひとりの少年とその子のクマが、いつも遊んでいることでしょう。

＊

いかがなものでしょうか。なにもしないをする、俺たちのクリストファー・ロビンが帰ってきましたぞ。プーも、そしてみんなも、きっと喜んでいることでしょうな。

あとがき

ひきこもりであっても、不登校であっても、「社会的自立を目指す」という、その部分は受け入れていて、疑わない。力ずくで引っ張り出すか、そっと見守るかは、社会的自立に達するための手法のちがいであって、目指すべきゴールはどちらも同じなのです。

私たちは、よく追い返されます。また私たちはよく追いまわされます。生活保護のような直接給付を受けようと窓口に行けば、話をそらされ追い返されますし、ひきこもっていれば訪問支援されてしまう。不登校ならスクールカウンセラーがあの手この手で追いまわしてきます。私たちは、排除されつつ、その排除する中心に向かうよう仕向けられるのです。

意識の方向性。これが「社会的自立を目指す」方向に向いていないときに、私たちは排除されたあと、支援されてしまうのです。社会的自立を目指す、その一方通行の道路を、みんなと同じように、自ら進んで走る人間になるよう自立支援されるのです。

働いている人は社会的自立を失うことに対し不安になり、働いていない人は社会的自立を獲得できないことに不安になる。みんなが不安になる。

私は「社会的自立を目指す」という意識そのものを疑っております。自立をしないと自由になれないとは思えない。むしろ社会的自立を目指す意識そのものが、隷属のもとであり、人に支配されてしまう元凶なのでは。

なんてふうに、空想が大きくふくらんできたところで、せっかくだからと、寄生という小さな旗を掲げ、世に問うたのがこの本です。ひょっとしたらみなさん、得も言われぬ「感情」にかられたかもしれませんな。それでもなお私は、社会的自立を目指す、そっちじゃないんじゃないかと思っている「誰かがどこか」にいると信じております。では、また、どこかで、現実の世界でお逢いしましょう。

二〇二四年九月

【主要参考文献】

芥川龍之介『地獄変・偸盗』新潮文庫
シンジア・アルッザ＋ティティ・バタチャーリャ＋ナンシー・フレイザー『99％のためのフェミニズム宣言』惠愛由訳、菊地夏野解説、人文書院
金井利之「公正な分配がある社会」『貧困と子ども学力研究委員会報告書』教育文化総合研究所
カフカ「掟の門」『カフカ短篇集』池内紀編訳、岩波文庫
神長恒一＋ペペ長谷川『だめ連の資本主義よりたのしく生きる』現代書館
カミュ『異邦人』窪田啓作訳、新潮文庫
H・D・ソロー『森の生活』飯田実訳、岩波文庫
高木護『かんじんさんになろう』五月書房
高村光太郎『智恵子抄』龍星閣
竹村洋介『近代化のねじれと日本社会』批評社
不可視委員会『来たるべき蜂起』、『来たるべき蜂起』翻訳委員会訳、彩流社
アンネ・フランク『アンネの日記』文春文庫
松嶋健『プシコナウティカ』世界思想社
ハーマン・メルヴィル「書写人バートルビー――ウォール街の物語」『アメリカン・マスターピース 古典編』柴田元幸訳、スイッチパブリッシング
A・A・ミルン『プー横丁にたった家』石井桃子訳、岩波少年文庫
武者小路実篤「或日の一休和尚」『日本の近代戯曲』翰林書房

ディオゲネス・ラエルティオス『ギリシア哲学者列伝（中）』加来彰俊訳、岩波文庫
『論語』金谷治訳注、岩波文庫
『新訳聖書』新共同訳、日本聖書協会
『新訳 イソップ寓話集』塚崎幹夫訳、中公文庫
『ブッダのことば』中村元訳、岩波文庫

【出所一覧】

「ご主人様研究——ひきこもり支援は誰のものか」（『いまこそ語ろう、それぞれのひきこもり』日本評論社、二〇二〇年）

「ルール」「この星でどうやって生きていくか」「ひきこもりキャリア・コンサルティング」「オオサンショウウオ」（『バラ色のひきこもり』金曜日、二〇一七年。電子書籍。『週刊金曜日』の連載をまとめたもの）

「do Nothing なにもしないをする」（『教育と文化』89号、アドバンテージサーバー、二〇一七年十月）

「自立死援—六畳間の講演会」（『マイノリティと社会運動の現在（いま）連続公開研究会講演録』早稲田大学リポジトリ、二〇二一年）

本書は以上の原稿に加筆修正、改題をおこない、著者ブログ「勝山実@鳴かず飛ばず働かず」掲載原稿を改稿し、書き下ろしを加えて編集しました。

【この本をつくった人たち】

編集　伊藤書佳
フリーの編集者・ライター　一九六九年生まれ。「不登校・ひきこもりについて当事者と語りあういけふくろうの会」世話人。著書に『超ウルトラ原発子ども』、共著に『能力２０４０』、『自立へ追い立てられる社会』など。
夢は、バー「いけふくろう」のママになって、「もう帰ってちょうだい」と言うこと。

編集　原島康晴
編集者　一九七三年生まれ。出会い重視で生き、さりげなくはたらく。
夢は、このまま驚嘆するような出会いと対話を重ねて生きていくことです。

校正　塩田敦士
編集・校正者　一九六八年生まれ。出版社・編集プロダクション等の勤務を経て二十一世紀になるかならないかの頃からフリー。
夢は、長期の海外旅行（できれば涼しいところ）。

装丁　藤田美咲
デザイナー　二〇〇八年独立。
昔も今も特に大きな夢は持たず少し先の現実しか見ていませんが、将来振り返った時にそんな自分をどう思うかは興味があります。

彫刻　明田一久
彫刻家　一九七一年生まれ。群馬県高崎市出身在住。二〇〇〇年から同県前橋市内にアトリエを構える。大阪芸術大学芸術専攻科美術専攻彫刻修了後、黒御影石を主素材に作品を制作。国内外で発表。パブリックコレクション多数。
夢は、人々がくつろげる空間と彫刻そして自然が調和する公園を手掛けたい。

イラスト　夕タン《ゆうたん》
一九七四年生まれ。四コママンガ「よっち」シリーズをはじめ、仕事や趣味でイラストやマンガを描き続けている。
夢は、核爆弾や虐殺のない世の中をつくること。

勝山 実（かつやま・みのる）
1971 年、神奈川県生まれ。横浜の大地が生んだデクノボー。自称ひきこもり名人（中国語だと繭居大師）。高校 3 年時に不登校になり、以来ひきこもり生活に。著書に『安心ひきこもりライフ』（太田出版）、『ひきこもりカレンダー』（文春ネスコ）、『バラ色のひきこもり』（金曜日 / 電子書籍）などがある。好きなものは、日本酒、戦国時代、乳酸菌。夢は、横浜マラソン 7km コースを完走すること。

自《じ》立《りつ》からの卒《そつ》業《ぎょう》

2024 年 9月30日　第１版第１刷発行

著　者———— 勝山 実
発行者———— 菊地泰博
発行所———— 株式会社 現代書館
〒102-0072　東京都千代田区飯田橋 3-2-5
電話 03-3221-1321　FAX 03-3262-5906
振替 00120-3-83725
http://www.gendaishokan.co.jp/
印刷所———— 平河工業社（本文）
東光印刷所（カバー・表紙・帯・扉）
製本所———— 鶴亀製本
装　丁———— 藤田美咲
カバー彫刻 ——— 明田一久
イラスト———— 夕タン《ゆうたん》
編集協力———— 伊藤書佳＋塩田敦士

ISBN978-4-7684-5966-9
定価はカバーに表示してあります。
乱丁・落丁本はお取り替えいたします。

活字で利用できない方のための
テキストデータ請求券
『自立からの卒業』